GOLDMANN
ESOTERIK

W0415264

Buch

Die Chakras, in denen sich entlang der Wirbelsäule und im Gehirn die ›Lotosblumenkraft‹ konzentriert, waren schon immer ein Bestandteil fernöstlicher Medizin. Werner Bohm betont in seinem Buch besonders den kosmischen, spirituellen Aspekt der Chakra-Lehre und distanziert sich bewußt von einer wissenschaftlichen Betrachtungsweise, die er u. a. dafür verantwortlich macht, daß Medizin und Forschung noch immer in ihrem Materiesinn verharren.
Schwerpunktmäßig stellt der Autor die Beziehung zur Kundalini, der höchsten gebärenden Weltenkraft, und zu den acht Entwicklungsstufen auf dem Weg zum Yogi dar, bei dem sich schließlich die Vereinigung des Menschengeistes und des göttlichen Geistes vollzieht. Den zweiten Teil seines Buches nutzt der Autor zur eindringlichen und klaren Beschreibung der sieben Chakras und ihrer Funktionen.

Autor

1896 als Sohn eines Forstbeamten in der Mark Brandenburg geboren, wurde Werner Bohm durch den Ausbruch des Ersten Weltkrieges daran gehindert, das ersehnte Medizinstudium zu beginnen. Auch später waren hierfür keine Mittel vorhanden, und die Umstände zwangen ihn, einen Beruf zu ergreifen, der seinem inneren Wesen fremd blieb. Um so mehr widmete er sich in seiner freien Zeit der spirituellen Suche, deren Erfüllung ihm durch seine Begeisterung für die Astrologie und durch die geistige Begegnung mit Rudolph Steiner zuteil wurde. Werner Bohm starb im Jahre 1959.
Im Goldmann Verlag liegt von ihm »Sternenwirken im Menschenschicksal. Die Kernpunkte der Astrologie« (12074) vor.

Werner Bohm

Die Wurzeln der Kraft

Die Chakras:
Kraft- und Bewußtseinszentren
im Menschen

GOLDMANN VERLAG

Der Goldmann Verlag
ist ein Unternehmen der Verlagsgruppe Bertelsmann

Made in Germany · 6/90 · 1. Auflage
Genehmigte Taschenbuchausgabe

Umschlaggestaltung: Design Team München
Satz: IBV Satz- und Datentechnik GmbH, Berlin
Druck: Elsnerdruck, Berlin
Verlagsnummer: 11898
Lektorat: Diane von Weltzien
Herstellung: Gisela Ernst
ISBN 3-442-11898-0

Inhaltsverzeichnis

Vorwort

Bücher haben ihre Schicksale, ist ein häufig zitiertes Wort. Gemeinhin wird dabei an den Weg gedacht, den ein Buch oft in schroffem Wechsel von Anerkennung und Verurteilung, Vergessen- und Wiedergefundenwerden genommen hat, und an viele andere Schicksale, die bedeutende Werke und ihre Autoren über sich ergehen lassen müssen. Selten aber wird bedacht und berücksichtigt, daß wirklich grundlegende und für längere Zeit richtunggebende Bücher schicksalhaft zu einer ganz bestimmten Zeit erscheinen. Hat man aber ein Organ für die tieferen, evolutiv begründeten, seelisch-geistigen Forderungen bestimmter, manchmal nur ganz kurzer Zeitabschnitte im Leben weniger Generationen, dann entdeckt man bei der Erarbeitung eines wichtigen Buches, daß es tatsächlich eine weder vom Verfasser noch vom Verleger wesentlich beeinflußbare schicksalhafte Geburtszeit hat. Solche Werke haben einfach ihre »Zeitenreife« abzuwarten, bis sie in Erscheinung treten dürfen und können. Manche Verfasser haben treffsichere Empfindungen für die Geburtszeiten ihrer Werke, was darin zum Ausdruck kommen kann, daß sie verfügen, ein Werk erst nach ihrem Tode oder eine bestimmte Zeit danach zu veröffentlichen. Das bekannteste Beispiel hierfür ist wohl Goethes Faust, II. Teil. Es gibt Bücher, bei denen der Zeitgeist sozusagen mitwirkt und sich das Jahr ihrer Geburt vorbehält. Das kann sich darin äußern, daß sie oft lange Zeit vor ihrem Erscheinen durchdacht und sogar niedergeschrieben wurden, ihr Erscheinen aber durch lächerliche »Zufälle« immer wieder verzögert wurde, bis die Zeit reif war und alle Hindernisse wie von selbst verschwinden.

Werner Bohms Buch über die Lotosblumen (Chakras) gehört zweifellos zu diesen vom Zeitgeist ausgewählten und aufgerufenen Büchern, deren Erscheinungsjahr weder willkürlich noch zufällig ist. Ich darf bezeugen, daß alles, was darin steht, schon seit vielen Jahren in aller Klarheit und bis in alle Einzelheiten vor dem inneren Auge seines Verfassers fertig ausgearbeitet lag, ohne Manuskriptform angenommen zu haben. Nur in herrlichen Briefen erfuhr ich von allem. Was in diesen Briefen steht, ist sogar ein Mehr und in vielem eine Erweiterung dessen, was heute nun gedruckt vor uns liegt. Vor, sagen wir, zehn Jahren wäre es unumgänglich gewesen, alles, was über das nun Gedruckte hinaus in den Briefen steht, zu bringen. Trotz ihrer inneren Bedeutung sind diese Ergänzungen heute aber für die Leser zum Verständnis nicht mehr erforderlich. Ich möchte damit meine obige Behauptung beweisen, daß es nicht einmal im Willen des Verfassers oder eines Verlegers gelegen hat, das vorliegende Buch früher in eine Manuskriptform zu bringen und erscheinen zu lassen. Was hier als »Zeitenreife« eines Werkes gemeint ist, hat auch sehr wenig mit der bewußten Empfangsbereitschaft der anonymen Leserschaft zu tun. Vielmehr zeigt sich diese »Zeitenreife« darin, daß ein Buch – im richtigen Augenblick den Lesern dargebracht – einem tiefen und echten Bedürfnis vieler Leser entspricht. Es stellt sich oft genug heraus, daß solche Bücher von den für sie bestimmten Lesern im rechten Augenblick wie »zufällig« gefunden werden. Die Leser bestätigen dann, daß sie sich nach dem Inhalt gerade dieses Buches schon einige Zeit sehnten und daß es gerade zurechtkam, um aus ihm die für ihr Leben notwendige Tragkraft zu schöpfen. Gewöhnlich wird ihnen dann das Buch helfen, ihr Schicksal mit den ihnen gestellten Aufgaben besser verstehen, meistern und erfüllen zu können.

Über das rein Gegenständliche dieses Buches – nämlich die Chakras oder Lotosblumen, diese Kraftzentren des lebenden Menschen – ist schon sehr viel im Westen und noch mehr im Osten geschrieben worden. Was darüber aber bisher im Westen veröffentlicht vorliegt, ist teils reine, saubere indologische oder sinologische wissenschaftliche Übersetzerarbeit oder eine mehr oder minder gut gemeinte phantasievolle Geheimnis- und Wichtigtuerei westlicher Pseudo-Okkultisten. Daneben gab und gibt es einige spärliche, stets unverkäufliche und dem Handel entzogene Manuskripte in sehr beschränkter Anzahl für die wenigen Angehörigen allgemein gänzlich unbekannter Zirkel. Es handelt sich hierbei meist um ein anschaubares Unterrichtsmaterial, welches aus der Arbeit eines Meisters mit seinen Schülern erwächst. Deshalb sind diese Aufzeichnungen mehr Signaturen und Symbole mit gemeinhin unbekannten Ausdrücken und Nomenklaturen. Es ist nicht Absicht, sondern ergibt sich von selbst, daß der Text dieser Manuskripte in einer »Sprache« abgefaßt ist, welche demjenigen, für den er nicht bestimmt ist, unverständlich bleiben muß. Das ist lediglich der diesen Dingen eigene Selbstschutz vor Unberufenen, solange solches Wissen aus evolutiven Gründen esoterisch bleiben soll. Der Zeitgeist – wie ich es oben anzudeuten versuchte – bestimmt dann den Geburtsmoment und lehrt, wann etwas bisher Esoterisches exoterisch werden soll.

In diesem Sinne glaube ich auch das Buch Werner Bohms auffassen zu müssen; denn wenn im Westen Veröffentlichungen über die Chakras bisher mehr oder weniger unverständlich geblieben sind und wahrscheinlich bleiben sollten und mußten, so will mir das Bohmsche Buch als der erste gelungene Versuch erscheinen, das Wesen und die Lehre der Chakras dem Verständnis des Westens in einer ihm gemäßen und gültigen Form zu schenken. Deshalb – und das sei nochmals betont – ist dieses nun endlich vor uns liegende Buch nicht zufällig erst heute erschienen.

Es sei mir gestattet, an einem praktischen Beispiel anzudeuten, weshalb ich glaube, daß dieses Buch über die Chakras im Sinne des oben Gesagten in Mitteleuropa nicht eher erscheinen konnte.

Bekanntlich spielen in der neueren westlichen Therapie die sogenannten Headschen Zonen eine große Rolle. So hat die verstorbene Frau Dicke am Bodensee ihre weitverbreitete Bindegewebsmassage auf der Lehre der Headschen Zonen aufgebaut. Ihr voran ging die ebenfalls sehr erfolgreiche schwedische Punktmassage. Aber auch die uralte chinesische Akupunkturlehre (acus = Nadel, punctura = Stich), verbunden mit der ebenso alten chinesischen und indischen Lehre von den verschiedenen menschlichen Pulsen, hat neuerdings eine immer mehr wachsende Beachtung gefunden. Besonders in Frankreich, wo man sich schon länger und eingehender als in Deutschland therapeutisch damit beschäftigt, ist eine spezifizierte Akupunktur-Behandlungstechnik ausgebildet worden. Die Akupunktur ist durch den holländischen Arzt Ten Rhyn Ende des 17. Jahrhunderts erstmalig über Brüssel nach Frankreich gekommen und wurde zunehmend von vielen Ärzten betrieben. In den Tagen der Französischen Revolution wurde sie ziemlich wahllos angewandt, wodurch sie in Verruf kam. Daher finden sich zur Zeit Napoleons viele die Akupunktur verspottende Karikaturen. Durch das Aufkommen der Chemie geriet die Akupunktur dann völlig in Vergessenheit. Im Jahre 1824 erschien ein Buch des Engländers Churchill, »Die Akupunktur«, in deutscher Übersetzung; erst dadurch wurde diese Therapie in Deutschland in weiteren Kreisen bekannt.

Die Akupunktur ist ein Verfahren zur Heilung von Krankheiten mit Hilfe von Stichen goldener, silberner und grauer Nadeln in ganz bestimmte auf die Körperoberfläche projizierte Punkte. Die chinesische Medizin arbeitet seit etwa viertausend Jahren mit dieser Methode. In China liegt der Akupunktur von jeher die Anschauung zugrunde, daß der lebendige Körper von Lebenskräften ständig durchströmt wird und daß diese Lebenskräfte verschiedene Kraftzentren (es sind die Lotosblumen) im Menschen haben. Genau diese Kraftzentren beschreibt und nennt Bohm im vorliegenden Buche. Die Lebenskraft, in Indien manchmal »Prana« genannt, »fließt« nach chinesischer Auffassung in unsichtbaren »Kanälen«. Diese kommen auch an die Hautoberfläche, welche sie an einigen Stellen sogar durchschneiden, wenn die Lebenskraft über die Haut hinaus in ihren »Kanälen« weiterfließt. Der Chinese bezeichnet den Verlauf der Lebenskraftströme unter der Körperoberfläche und auf die Haut als »Meridiane«. Er unterscheidet und benennt unter anderem z. B. zwölf »klassische Meridiane«. Die Nadeln werden an topographisch genau bestimmten Körperstellen einige Millimeter tief in die Haut eingestochen. Generell kann gesagt werden, daß durch die Akupunkturtherapie die Lebensenergie (das, was der Inder Prana nennt) reguliert wird. Diese sehr genau angeordneten Meridianpunkte entsprechen wie die Headschen Zonen ganz bestimmten Organen und Organfunktionen, die ich oben »topographisch bestimmte Körperstellen« genannt habe. Dies sei an einigen Prüfungsfragen verdeutlicht, die im Schuljahr 1950/51 den französischen Ärzten, die den Akupunkteurtitel erhalten wollten, gestellt wurden: »Wie ist der Stromverlauf der chinesischen Lebensenergie in allen Meridianen vom Herzen aus?« – »Der Lungenmeridian: seine radiale Pulsstelle, seine Bedeutung, sein anatomischer Verlauf und die Gesamtzahl seiner Punkte. Die wichtigsten Symptome seiner Hauptpunkte (Tonisierungs- und Beruhigungspunkte).«

Nach chinesischen Angaben sind für jedes der großen Organe, nach welchen die Meridiane benannt sind, drei Punkte von hervorragender Wichtigkeit: der erste Punkt zur Tonisierung des betreffenden Organs, der zweite Punkt zur Beruhigung des Organs durch Verteilung der Lebenskraft; den dritten Punkt nennen die französischen Akupunkteure den

»Quellpunkt«, weil die beiden anderen Punkte in ihren Funktionen davon abhängen. Die Chinesen regen die Funktion von diesem dritten Punkt aus an und regulieren sie auch von hier aus. –

Die chinesische Akupunktur ist vom chinesischen Weltbild, d. h. von der chinesischen Philosophie, nicht zu trennen und nur auf dieser Grundlage zu verstehen.

Um einen weiteren Zusammenhang zwischen Bohms Chakras und der Akupunkturlehre anzudeuten, muß vorab erwähnt werden, daß in China die beiden polaren Urprinzipien Yang und Yin die denkbar größte Rolle spielen und das gesamte duale chinesische Weltbild grundlegend im Sinne der Wandlung von einem zum anderen Prinzip bestimmen. Erst durch den Wandel und Übergang dieser beiden Urkräfte entsteht alles. Dieser Wechsel ist dem »Tao« unterworfen. Es kann gar nicht anders sein, als daß dieses Yang-Yin-Weltbild auch die Grundlage der Akupunktur wurde und blieb. Heißt es doch im Li-Gi, dem chinesischen Buch der Sitte: »Der Mensch vereint in sich die Geisteskräfte von Himmel (Yang) und Erde (Yin). Im Menschen gleichen sich die Prinzipien des Lichtes (Yang) und Schattigen (Yin) aus. Im Menschen treffen sich die Geister und Götter, und in ihm, dem Menschen, finden sich die feinsten Kräfte der fünf Wandelzustände (Elemente). Darum ist der Mensch das Herz von Himmel und Erde und der Keim der fünf Wandelzustände.« Demnach gibt es Yang-Organe mit den oben erwähnten Yang-Meridianen und Yin-Organe mit Yin-Meridianen. Die Yang-Organe verwandeln z. B. die Nahrung in Lebensbildekräfte. Die Yin-Organe reinigen und speichern die Bildekräfte. Im chinesischen Weltbild besteht daher das Wesen der Krankheit in einer Störung des Gleichgewichts der Yang- und Yin-Kräfte. Die Akupunktur stellt das Gleichgewicht wieder her, indem beispielsweise durch Punktierung des Tonisierungspunktes mit der goldenen Yang-Nadel das unter Yang-Mangel leidende Organ gestärkt wird. Daß es nicht immer so einfach zugeht, ist an der Behandlung sogenannter »gekoppelter Organe«, wie Leber und Galle, ersichtlich, wenn diese in der Yang- und Yin-Lehre divergieren. Die Meridiane sind die Bahnen der Lebenskräfte. Die Erfahrung lehrt, daß z. B. eine schmerzhafte Stelle auf der Haut auf eine Störung desjenigen Organes hinweist, dessen Meridian durch diese Hautstelle geht. Französische Akupunkteure betrachten, wie die Chinesen, die Haut als »Repräsentationsorgan des vegetativen Systems«. Es besteht eine wahrhaft erstaunliche Beziehung zwischen Homöopathie und Akupunktur. Die modernste europäische Gesamtheitslehre findet sich in der uralten chinesischen Akupunkturlehre in folgendem wundervoll klassischen Satz: »Für die Wahl der Punkte ist jeder auf seine Weise krank. Dem muß auch der Weise Rechnung tragen.« Damit ist der Kranke als individueller Mensch gemeint und nicht die vom Menschen losgelöste Krankheit an sich.

In der Akupunkturtherapie werden zur Tonisierung eines Organes (Yang) Nadeln aus rotem Metall, nämlich aus Gold oder Kupfer, verwendet und zur Beruhigung (Yin) Nadeln aus weißem Metall, z. B. Silber. Nadeln aus grauem Metall, wie Platin, Eisen und Stahl, sind neutral. Das stimmt überein mit der tonisierenden Wirkung der Goldsalze und der dämpfenden Wirkung kolloidalen Silbers bei Entzündung und Fieber. In der Elektrochemie ist die Anode Gold.

In Veröffentlichungen des am 13. 2. 1953 verstorbenen amerikanischen Arztes Dr. Manfred Curry werden Versuche beschrieben, die er mit dem bekanntesten deutschen Akupunkteur, Dr. med. Gerhard Bachmann in München, durchführte. Beide Ärzte konnten beweisen, daß Goldnadeln eine Verlängerung, Silbernadeln dagegen eine Verkürzung des individuellen menschlichen Reaktionsabstandes mit für den behandelten Patienten »ziemlich nachhaltiger Wirkung« erzielten. In seinem Bericht hierüber schreibt Dr. Curry wörtlich: »Damit ergibt sich der deutliche Hinweis in der Richtung, daß W-Typen mit Goldnadeln und K-Typen mit Silbernadeln zu behandeln sind. Diese Beobachtungen geben bezüglich der Verwendung von Gold und Silber in der Zahnheilkunde zu denken.« Was hier Dr. Curry und Dr. Bachmann den individuellen menschlichen Reaktionsabstand nennen, ist ein außerhalb des physischen Körpers nachweisbarer Ausdruck der Energie, welche der Körper ausstrahlt. Es hat sich gezeigt, daß der Reaktionsabstand von der Körperform und von der Funktion seiner Organe abhängig ist und sich bei Krankheiten und Funktionsstörungen verändert. Ohne Übertreibung darf behauptet werden, daß es sich hierbei um die sogenannte »Aura« des Menschen handelt, die nicht nur dem Menschen, sondern jedem lebenden Körper eigentümlich ist. Der Reaktionsabstand bezeichnet die Begrenzung der Aura. Da dieser Reaktionsabstand durch viele Tausende von Versuchen und Kontrollversuchen immer wieder festgestellt wurde, so ist es wohl erlaubt, vom Nachweis einer vorhandenen Aura zu sprechen. Kann es daher einen besseren Beweis dafür geben, daß das vorliegende Buch von Werner Bohm genau zur rechten Zeit erscheint, um auch für die Medizin zu erweisen, daß es eine Aura gibt, woher sie stammt und wie sie sich verändert?

Wenn in diesem Vorwort zu Werner Bohms Buch über die Lotosblumen weniges über die Grundzüge der Akupunktur erwähnt wurde, so geschah es wegen der Zusammenhänge beider Gebiete. In Asien durfte ich an Ort und Stelle diese Zusammenhänge immer wieder praktisch erfahren. Die reale Anschauung der Chakras erstreckt sich nicht nur auf Vorder- und Hinterindien sowie auf China und Japan, sondern weit darüber hinaus. Ebenso ist die Akupunktur durchaus nicht auf China beschränkt, wenn ihre erste Erwähnung auch – soweit bisher bekannt – schon in einem Edikt des Kaisers Huang-Ti um 2650 v. Chr. erfolgte. Unschwer kann nachgewiesen werden, daß selbst in der Steinzeit, wie bis etwa 2650 v. Chr. in China, schon mit Steinnadeln punktiert wurde. Ebenso übten die Völker Polynesiens, solange sie – bis zur Berührung mit dem weißen Manne (erstmalig 1777) – auf der Steinzeit-Kulturstufe standen, Akupunktur. Früheren Bewußtseinsstufen waren die Chakras als Zentren und Organe der Lebens-Bildekräfte ebenso ansichtig und selbstverständlich wie die Punkte und Meridiane der Akupunktur als Strahlungsbahnen dieser Lebenskräfte. Ihrer wieder ansichtig zu werden ist unsere Gegenwartsaufgabe und die Forderung der nahen Zukunft. Der Verfasser des folgenden Buches und der Schreiber dieser einleitenden Zeilen glauben, daß dem so ist. Wir haben gute Gründe anzunehmen, daß der weiße Mann z. B. in den jüngsten Forschungsergebnissen und Therapieverfahren praktisch bereits viel tiefer in die Bereiche der menschlichen, irdischen und kosmischen Bildekräfte und ihrer Wirkungen eingedrungen ist, als es den Forschern und Therapeuten selbst bisher bewußt geworden ist. Dieses Bewußtwerden dürfte aber so lange ausbleiben, wie noch immer – oft verzweifelt – versucht wird, das Menschenwesen und seine Lebenskräfte – und dazu gehören auch die Chakras – ausschließlich durch Materiesinn verstehen zu wollen.

Alles Erwähnte soll deshalb nur zeigen, daß jetzt die Zeitenreife da ist und daß die Geburtsstunde für das nun folgende Buch von Werner Bohm über die Chakras geschlagen hat, weil er uns darin zeigt, wie mit vorurteilsfreiem modernem westlichem Denken und Wissen uralte östlich erschaute Weisheit – richtig aufgenommen – auch uns zum Heil und Segen werden kann.

Dr. Hans-Hasso von Veltheim-Ostrau

Lotosblumen

Die Kraft- und Bewußtseinszentren im Menschen

Manchem Leser mag es zunächst so scheinen, als sei es der Bewußtseinslage unserer Zeit nicht angemessen, sich mit etwas zu befassen, was aus der alten Yogalehre überliefert ist. Der moderne Mensch ist nun aber durch die Entwicklung seiner Zivilisation mit ihrer Technik in eine ausgesprochen »nervöse Epoche« seiner Geschichte hineingeraten. Wo findet er heute noch Ruhe und Halt? Das Leben, vorzugsweise das des westlichen Menschen, zermürbt seine Seele. Die äußeren Sinneseindrücke folgen so lebhaft und schnell aufeinander, daß er nicht Zeit genug hat, sie innerlich zu verarbeiten. Der innere Mensch ist nicht so organisiert, daß er ohne weiteres einem solchen Bombardement äußerer Eindrücke gewachsen wäre. Das Tempo des äußeren Lebens wird immer lebhafter, das vegetative Nervensystem überbeansprucht. Als Folge treten Ermüdung, Kreislaufstörungen und nervöse Erkrankungen in zunehmendem Maße auf. Die inneren rhythmischen Prozesse im Menschen können sich dem äußeren Tempo nicht anpassen. Durch technische Erfindungen wird der Mensch immer mehr von sich abgelenkt. Am Radio, am Fernsehapparat, im Kino ist er in eine passive Haltung gedrängt. Er sucht darin Erholung und Zerstreuung. Seine Sinne werden dabei aber weiterhin »bombardiert«. Selbst der Schlaf wird nervös und bringt nicht immer die natürliche Auffüllung der Kräfte. Der Existenzkampf läßt es nicht zu, daß eine größere Zahl von Menschen sich in die Stille der Natur zurückzieht. Wo gibt es überhaupt noch eine »Stille«? Fast überall ist unsere Welt von Motorenlärm erfüllt; in der Luft jagen moderne Flugzeuge, die z. T. schon die Schallgeschwindigkeit übertreffen, auf dem Festen rasen Autos und Motorräder, auf dem Wasser Motorboote. In dem kleinsten Dorf puffen Traktoren. Die Ferienaufenthalte sind zu einem »Betrieb« eigener Art geworden. Die gereizten Nerven suchen immer neue Reize, die über die Sinnesorgane überschnell auf sie einwirken. Der Mensch verlernt sogar das rechte Lesen eines Buches, das ihm geistige Nahrung sein könnte. Die Tendenz, nur noch Bilder zu lesen, offenbart sich in der Zunahme illustrierter Zeitschriften. Aus England kam die Nachricht, daß ein großer Teil der Volksschüler mit 14 Jahren noch nicht richtig schreiben und lesen könne. In einer Weise beginnt unsere moderne Zivilisation also schon das Analphabetentum zu fördern!

Der Intellekt hat in unserem Jahrhundert die Umwelt so gestaltet, daß sie krankmachend auf Leib und Seele wirkt. Es wäre absurd, ihn deshalb abbauen zu wollen. Das Denken ist eine Fähigkeit der menschlichen Seele geworden, ein innerer Lichtprozeß, der noch nicht am Ende seiner Entwicklungsmöglichkeiten ist. Was er uns bisher an Erkenntnissen vermittelte, betraf in erster Linie das Physisch-Stoffliche, jenes, das am totesten in der Welt ist. Indes hat der Intellekt uns noch nicht das tiefste Geheimnis der Materie enthüllt. Sonst müßte er uns sagen, was Materie in Wahrheit ist.

Die Frage nach dem Wesen des Lebens ist noch viel unvollständiger und unbefriedigender beantwortet worden. Sie ist offen geblieben. Die nur intellektuelle Fähigkeit unserer Seele reicht dazu nicht aus. Der Denkprozeß muß deshalb »erhöht« werden, wie einst Mose in der Wüste die Schlange (die Weisheit der Vorzeit) erhöhte.

Der »Zentralpunkt« unseres Denkens muß aus der Region des Abstrakten und Toten in die des konkret Lebendigen verlagert werden. Das Leben kann man nur durch Entwicklung begreifen. Es ist übersinnlicher Natur. Nur wenn wir unser Bewußtsein über das intellektuelle zum spirituellen Denken zu steigern vermögen, haben wir Aussicht, die Gesetze, die im Lebendigen anders als im toten Stoff wirken, nach und nach von der Warte des Geistes einzusehen. Man spricht so oft von einem »Übergangszeitalter«. Das ist nun mehr oder weniger jedes, denn die Entwicklung steht nie still. Auf unsere Gegenwart können wir diese Bezeichnung aber mit besonderem Recht anwenden.

Überall stehen wir vor dem »Nichts«, vor einer großen Leere. Die Welt der Alten war für ihr Bewußtsein erfüllt von Göttern, Engeln, Elementarwesen und Dämonen. Mit ihnen lebte man, schaute sie, empfing von ihnen Offenbarungen, Gebote, Belehrungen. So war es noch im Zeitalter des Mose vor rund drei Jahrtausenden.

Inzwischen ist nun die makrokosmische Welt gottleer geworden. Der Mensch schaut keine übersinnlichen Wesenheiten mehr, empfängt keine Gebote, keine Hilfe mehr. Das vollzog sich genau in dem Maße, wie das Denken sich verselbständigte, sich von anderen Seelenfunktionen abstrahierte. Heute sieht sich der moderne Mensch völlig auf sich selbst gestellt. Die göttliche Welt ist ihm entschwunden. Dafür empfindet er sich als selbständiges Wesen. An die Stelle der zwei Gesetzestafeln des Sinai sind unzählige Gesetzesbände getreten. Der Mensch gibt sich selbst seine Gesetze. Der Intellekt zeigt aber die Fähigkeit des Zersplitterns. Ein Einheitliches, Einfaches wird durch ihn zum vielfach Komplizierten. Mit dem Hammer seiner Gedanken zerschlug der moderne Mensch seit Kopernikus die alte Welt wohlbehüteter Ordnung, in die hinein göttliche Ideen noch gestaltend gewirkt hatten.

Gewiß gibt es auch noch religiöse Menschen, die in ihrem Herzen die Gewißheit einer göttlichen Welt tragen, die von ihren gewöhnlichen Sinnen nicht wahrgenommen werden kann. Aber sind diese Seelen nicht gespalten, insofern sie gezwungen sind, in der modernen Zivilisation zu leben und mitzumachen? Sie haben im Gebet eine Möglichkeit, die Verbindung zur geglaubten göttlichen Welt herzustellen. Im Gebet finden sie die Kraft, die heute zum Leben gehört. Vielen Menschen aber genügte ein bloßer Glaube nicht mehr, nachdem der Gedanke machtvoll geworden ist.

Im zeitgemäßen Yoga könnte das gefunden werden, was Menschengeist wieder mit der Wirklichkeit übersinnlich göttlicher Welt in einer Weise verbindet, die über ein nur Geglaubtes zum Erfahrenen zu führen geeignet ist.

Während das Gebet mehr oder weniger subjektiven Charakter trägt, hat die Meditation objektive Welteninhalte. Sie vermag zu Erkenntnissen zu führen, die gleich denen der Wissenschaft für alle Menschen Geltung haben. Es ist eine Forderung des Zeitgeistes, daß zur gewöhnlichen Wissenschaft eine Geisteswissenschaft tritt, die dem Menschen die übersinnlichen Welten wieder erschließt, welche ihm in alten Zeiten offenstanden. Zur übersinnlichen Welt gehört auch dasjenige des Menschenwesens, was an ihm selbst übersinnlich ist.

Dazu gehört der Organismus der »Lotosblumen« im Menschen, wie er in der Yogalehre angeschaut wird.

Die älteste indische Kultur weißer Rasse hatte ihren Niederschlag in den Veden gefunden, nachdem sie vorher mündlich überliefert worden war. In der Vedanta-Philosophie nahm deren Inhalt dann einen anderen Charakter an. Aus ihr heraus entstand schließlich die Yogalehre. Sie hatte zur Zeit des Patanjali einen Höhepunkt erreicht. Sein System ist maßgebend für alle späteren Arten des Yoga geworden. Das bekannteste Lehrbuch ist sein Yogasutra. Über die Geburtszeit des Patanjali herrscht keine volle Klarheit. Die einen datieren sie um etwa 200 v. Chr., andere dagegen um 300 n. Chr. Yoga ist für den späteren Buddhismus von grundlegender Bedeutung gewesen, obwohl man sehr irren würde, wollte man beides gleichsetzen. Buddha war sogar unzufrieden mit den Zielen seiner Yogalehrer. Das Gemeinsame besteht darin, daß sowohl im Yoga wie im Buddhismus der Weg der Konzentration und Meditation beschritten wird. Er ist es, der zu übersinnlicher Erkenntnis und zu erhöhten Fähigkeiten führt. Im Yoga wie im Buddhismus kennt man die verschiedensten Bewußtseinsgrade. Wie eine Leiter führen sie Stufe um Stufe zu den Höhen des Geistes. Die Philosophie dagegen verharrt auf einer einzigen, der gerade normal erreichten. Sie repräsentiert so nur eine einzige Stufe jener Leiter. Es entspricht der Geisteshaltung des alten Indien, sich meditativ verschiedene Bewußtseinsgrade zu erarbeiten und zu erleben. Im geistigen Selbsterlebnis liegt der Beweis. Es scheint zunächst, daß ein solcher in der Sphäre des Persönlich-Subjektiven liege. Das ist nur z. T. richtig, und zwar deshalb, weil der Yoga-Aspirant in rechter Meditation zu Bewußtseinsgraden emporsteigen kann, die jenseits des Subjektiven und Nur-Persönlichen liegen. Er kann zu jener Geistesregion aufsteigen, von der das Subjektive erst ausgeht, und kommt so zu einem objektiven Geisterlebnis, das für alle Gültigkeit hat.

Die westliche Wissenschaft versucht auf ihre Weise, alles Subjektive in der Forschung auszuschalten. Sie baut sich Apparate, bei denen menschliche Sinnestäuschung nicht mitsprechen kann. Sie will sich mechanisch, von außen her, zu exakten Schlüssen gezwungen sehen. Dabei liegt die Gefahr des Irrtums in der Gedankentätigkeit, die der Mensch nun einmal doch braucht, um die Ergebnisse seiner Apparate in Erkenntnis umzuwandeln.

Der Weg des Geistesschülers ist ein anderer. Er geht vom inneren Menschen aus. Durch die Fähigkeit zu »sündigen«, also den sogenannten »Sündenfall«, ist erst die Möglichkeit des Irrtums in seine Welt gekommen. Die Seele des Menschen ist verunreinigt, sie ist voller finsterer Schattengebilde. Im Yoga, meint man, sei es unmöglich, den Irrtum einfach nur innerhalb seines Gedankenlebens auszuschalten, also zu einem wahrhaft objektiven Denken zu kommen. Das wird nur dann für möglich gehalten, wenn der ganze Mensch in seiner gesamten seelischen Struktur einen Läuterungsprozeß durchmacht. Bei dem Ineinanderweben der menschlichen Seelenfunktionen in Denken, Fühlen und Wollen hilft es dem Menschen wenig, wenn er allein sein Gedankenleben aufhellt und reinigt, wenn aus der dunklen Sphäre des Wollens Impulse emporschießen, die dann wieder das Denken verunreinigen. Im Unterbewußtsein ist all das, was seit dem sog. »Sündenfall« die Menschenseele verdunkelt. Irrtum, Wahn, Täuschung, die Quelle des Leides, alles Unreine und Vergängliche, die Verwechslung des äußeren Selbst mit dem wahren, geistigen, ewigen Selbst – all das wächst mit im Unterbewußtsein und wirkt von dort aus. Es ist die unerkannte Quelle des Leidens und des Todes. Wenn von der Überwindung des Leidens die Rede ist, dann soll das besagen, daß in Leid und Tod der Same der Erkenntnis keimt. Ergründet der Geist des Menschen diese Quelle, so hat er die Möglichkeit ihrer Überwindung erlangt. Mit dem Licht der Erkenntnis hellt er die innere Finsternis auf.

Das Wort Yoga ist gleich unserem Joch, einem Teil des Geschirrs für Zugtiere. Yoga bedeutet Anschirrung. Was der Yogi »anschirrt«, ist alles jenes in der Menschenseele, was sie mit dem Tier gemeinsam hat: Triebe und Leidenschaften. Diese lernt er in steigendem Maße so beherrschen, daß eben diese niederen Seelenregionen dem wahren Selbst gehorchen. In der griechischen Mythologie treten etwa gleichzeitig göttliche Wesen auf, die den Menschen lehren, Rosse zu zügeln, zu fahren und zu reiten. Der Yoga-Aspirant will seine Leiblichkeit zum Tempel seines Geistes gestalten und diesen in den Dienst der wahrhaft göttlichen Welt stellen.

Ein moderner Forscher, Avalon, gibt in seinem Buch »The Serpent Power« (Deutsche Übersetzung: Die Schlangenkraft. O. W. Barth-Verlag, Weilheim, Obb., 1962) folgende Definition:

»Yoga ist ein Weg, auf dem die Verbindung des individuellen Geistes mit dem göttlichen Geist angestrebt wird.«

Rudolf Steiner, der in seinem Buch »Wie erlangt man Erkenntnisse der höheren Welten« ausführlich auch von den Lotosblumen und ihrer Entfaltung spricht, führt aus: »Yoga heißt das Anstreben der Vereinigung mit der göttlichen Wahrheit.« (Die in den älteren Auflagen dieses Buches noch vorhandenen Begriffe »Kundalinifeuer« und »Kundalinilicht« sind später durch »geistige Wahrnehmungskraft« und »geistiges Lichtorgan« ersetzt.)

Yoga strebt also an, den menschlichen Geist wiederum in lebendigen Kontakt mit dem göttlichen Geist zu bringen, nachdem die unmittelbare Verbindung im Zeitalter des »kleinen Kali Yuga«, dem »finsteren«, nach und nach verlorenging. Diese Epoche wird vom Jahre 3101 v. Chr. bis 1899 n. Chr. gerechnet. Sie brachte die Entwicklung des menschlichen Intellektes, die Emanzipation des Gedankenlebens bis zur modernen Wissenschaftlichkeit. Um das Jahr 3000 v. Chr. mündet die »vorgeschichtliche Epoche« des Menschen in die eigentliche »Geschichte« ein. Karl Jaspers spricht für diese Zeit von einem »Sprung in die Geschichte« (»Vom Ursprung und Ziel der Geschichte«). Er sagt, daß man diesen Sprung als »das Unheil, das über die Menschen gekommen ist«, auffassen könne. Dem entgegen stellt er die andere Möglichkeit: »Oder der Sprung ist das große Geschenk des Menschseins und, daß der Mensch ihn tat, sein hohes Schicksal, sein Weg zu unerhörten Erfahrungen und zu seinem Aufstieg, der aus dem Unvollendetsein vorantreibt.« – Es ist das die Zeit der Erfindung der Schrift. Man darf das so auffassen, daß der Mensch in eine neue Bewußtseinsregion hineinwuchs, eben in die der Vorherrschaft des Gedankens, durch den der Mensch ein höheres Maß an Freiheit gewann und auf sich selbst gestellt wurde. Die Fähigkeit seines Gedächtnisses ließ nach, er mußte die Schrift erfinden. Eine innere Notwendigkeit, das Menschenschicksal führte ihn dazu. Nachdem dieser »Sprung in die Geschichte«, der Sprung in das Zeitalter des Intellektes stattgefunden hat, ist es nicht mehr möglich, ihn ungeschehen zu machen. Der Mensch kann nicht in alte Bewußtseinszustände zurück, selbst wenn er so wollte. Er kann nur vorwärts und gelangt auf seinem Schicksals- und Entwicklungswege nur durch Steigerung seines gewöhnlichen, gegenständlichen Wachbewußtseins zu einem spirituellen dahin, daß er wie ein verlorener Sohn wieder um Einlaß bittet an dem so lange verschlossenen Tor zur geistigen Welt. Der Cherub steht jetzt nicht mehr davor! Das Kali Yuga ist vorüber.

Der Yogapfad ist ein achtgliedriger. Er ist nicht identisch mit dem gleichfalls achtfachen Pfad der buddhistischen Lehre. Es gilt Vorbedingungen zu erfüllen, die schwer sind. Sie sind nicht genannt, um dem Schüler dieses Pfades Schwierigkeiten zu bereiten, sondern um ihm die vorhandenen aufzuzeigen. Schon gesagt wurde, daß durch eine bloße Gedankentätigkeit, durch die der Mensch zum reinen Denken gelangt, der Zutritt zum Übersinnlichen nicht erzwungen wird. Auch sein Wollen und Fühlen muß durch die Reinigung gehen, durch Läuterung und Katharsis, die in den Religionen zu jeder Zeit gefordert wurden. Drei Leibesglieder, die erst zusammen die Körperlichkeit des Menschen ergeben, müssen so geschult werden, daß sie dem reinen Geist, dem Manas oder »Ich bin« des Menschen, gehorchen. Das unterste Glied ist unser physischer Leib, das nächste sind die Lebensprozesse, die den ersten durchdringen, vornehmlich die Atem- und Zirkulationsrhythmen. Die Kräfte im Lebendigen bilden ihr eigenes Bildekräftesystem. Diese beiden Leiber wieder sind von Empfindungen durchdrungen, deren materielle Grundlage das Nervensystem ist. Die Empfindungen bilden wiederum eine Organisation, einen »Leib« für sich, den man den astralischen nennt. Nun gibt es Empfindungen, die mehr an das Körperliche gebunden sind, und solche, die moralischer Art sind. In den Empfindungen lebt unsere Seele. Die mehr niederen verbinden sie mit dem Körper; in den höheren, moralischen, leuchtet das Geistige des Menschen auf. So ist die Seele ein Bindeglied zwischen Geist und Körper. Geistiges trägt sie in Leibliches und vermittelt andererseits dem Geist jene Erfahrungen, die nur im Irdischen gemacht werden können. Innerhalb der Empfindungen ist jene Grenze zu suchen, die zwischen der von Leben durchdrungenen physischen Welt einerseits und der Seelenwelt andererseits vorhanden ist. Mit einem Teil taucht der Seelenorganismus in die leibliche Welt unter, mit seinem höheren Teil ragt er darüber hinaus. Ähnlich ist es wieder zwischen Seele und Geist, der zu einem Teil in der Seelenwelt aufleuchtet und zum anderen eine separate Welt für sich darstellt. Unsere Welt besteht in dieser Art aus dreien, die ineinandergeschoben sind. Nur eine davon ist räumlich. Ebenso der Mensch. Der Tod entläßt jede der drei Welten, die sich im Menschen finden, in ihre ureigene Region. Asche wird zu Asche, wenn das Leben sich zurückzieht und sich in den Kosmos hinein auflöst. Die Empfindungen gehen zu ihren astralen Ursprüngen. Der individuelle Geist kehrt über Sphärenstufen der objektiven Seelenwelten in die zeitlose Geistessphärenwelt mit den »Lebensfrüchten« zu seinem eigenen Ursprung zurück, bis ihn ein neues »Werde« zu seiner Reinkarnation ruft. Ihrem Gesetz ist er so lange unterworfen, bis er ein kontinuierliches Bewußtsein erlangt hat. Dieses kennt die Zäsuren von Geburt und Tod nicht mehr. Dem Rade der Wiedergeburten ist der Mensch jener fernen Zukunft dann entronnen.

Es ist das Wesen des »Eingeweihten«, daß er spätere Entwicklungsstufen der Menschheit in sich selbst vorwegnehmen und erleben kann. Er tut das nicht zum Zwecke einer Selbsterlösung, weil er weiß, daß es nicht darum geht, einen einzelnen zu erlösen, sondern »den Menschen«, und das heißt alle, soweit es irgend möglich ist. Was er vorausnimmt, stellt er seinen Brüdern als Erfahrungsschatz gradweise zur Verfügung. Er ist Helfer und Lehrer. »Eingeweihter« ist ein sehr dehnbarer Begriff, denn die Einweihung beginnt bereits mit dem Studium des Übersinnlichen, sie hat viele Grade.

Hat der Mensch Denken, Fühlen und Wollen geläutert und gereinigt, hat er die dunklen Flecken seiner Seele in Licht verwandelt, kann die Kommunion mit dem göttlichen Geist erfolgen. Dann ist der Mensch in jener Sphäre, von der der Impuls zu jedem »Werde«, zu jeder Schöpfung ausgeht. Primär ist immer das Geistige. Das Geisteswort, der Logos, ist schaffend. Vom Geistimpuls ausgehend, dringt der Geistwille in die Regionen des Lichtes, des Lebens, der Empfindungen, bis er sich physisch verdichtet und Materie in die Geistform dringt. Der Geist ist der Schöpfer alles Seienden. Die westliche Welt wird mit dem Leib-Seele-Problem nicht fertig. Sie weiß wohl, daß ein Prozeß als ein seelischer beginnen und als ein körperlicher enden kann, aber nicht wie. Sie spricht von reizvermittelnden Stoffen, die aus Hormonen, Fermenten und Vitaminen gebildet werden und dann auf ein reizfähiges Substrat, das verwickelt gebaute Protoplasma der Zelle, auftreffen (Alexander v. Papp). Von Papp spricht von den »Pforten zu einer Welt, die sich von paradiesischen Genüssen bis zu höllischen Qualen erstreckt«. Es fehlt aber noch der Schritt zu jener Erkenntnis, die im Yoga vorhanden ist, nämlich daß der Geist es ist, der über verschiedene Stufen vom Formlosen (arupa) über das Geformte (rupa) und Empfindende (astralische) in die Systeme der lebendigen Bildekräfte (den Lebensleib) eindringt und von ihm aus das Physische erbildet. Aus einem »Nichts« entsteht die Welt. Dieses »Nichts« des modernen westlichen Wissenschaftlers aber ist wesensgebundener Geistwille, Willenssubstanz, Energie. Man geht heute schon den umgekehrten Weg, indem man über Stoffe, Drogen (»Wahrheitsdrogen« z. B.) auf das Seelenleben einwirkt und es so von der finsteren Materie und ihren Dämonen her vergewaltigt! Unwissenheit besteht darüber, welche Kräfte der Zerstörung der Menschenseele man damit zum Kampf gegen das wahre Menschenbild wachzurufen im Begriffe ist. Man gleitet unwissend in den Bereich Schwarzer Magie ab!

Es war ein »okkultes« Geheimnis, daß sich in dem Maße, wie sich die Tore der paradiesischen göttlichen Welten dem Menschen auftun, sich auch die Pforten der Hölle öffnen. Niemand ist in größerer Anfechtung als jener, der in Anbetung und Andacht beginnt, höhere Welten zu erschauen. Aus diesem Grunde wurden die Neophyten früher Mutproben unterworfen, bevor sie weiterschreiten durften.

Aus dem bisher Gesagten dürfte deutlich geworden sein, daß man durch keinerlei Technik allein zu höheren Erkenntnissen oder erhöhten Fähigkeiten gelangen kann. Das Himmelreich kann man nicht eratmen, und man kann es sich auch – etwa als Vegetarier – nicht eressen. Ebenso nicht durch äußere Askese, nicht nur Weltflucht kann man es sich erlisten. Der Weg ist schwer, weil er viel mehr vom Menschen fordert, als dieser im allgemeinen zu geben bereit ist. Das Schwergewicht liegt im Geistigen, und die geistige Welt ist zugleich eine eminent moralische.

Wir werden im folgenden Abschnitt sehen, welches die Vorbedingungen sind und wie die Stufen des Yoga aufeinanderfolgen.

Der achtgliedrige Yogapfad

Nach dem Yogasutra des Patanjali führt der Pfad in acht Stufen empor. Die erste heißt »Yama«. Sie ist die ethische Grundlage der Schulung. Yama ist zugleich der Name des indischen Totengottes, der in die Geheimnisse des Yoga einführt. Es mag sein, daß dieser Name als Bezeichnung der untersten Stufe der Yogaschulung gerade deshalb gewählt wurde, weil es zum grundlegenden Wissen gehört, daß Erkenntnis und Tod verwandt sind. Aus Leid wächst Erkenntnis. Tod ist des gewöhnlichen Menschen größtes Leid, so daß aus ihm auch höchste Erkenntnisse erwartet werden dürfen. Stirbt der Mensch, so wird er in den seelisch-geistigen Kosmos hineingeboren. Die Erdengeburt dagegen ist ein Tod in den Sphären des Geistes. So kehren sich für denjenigen, der den Pfad zu gehen beginnt, diese Begriffe grundlegend um! Der Tod räumt die Hindernisse, die den Menschen von der göttlichen Welt trennen, hinweg. Er wird nicht mehr gefürchtet, sondern seinem wahren Wesen gemäß erkannt. Jede Erkenntnis räumt Hindernisse der Seele und des Geistes hinweg; Erkenntnisprozesse sind Todesprozesse. Der Tod wird zum Freund. In der rechten und durchdringenden Meditation macht der Mensch im Leben bleibend das durch, was der »Profane« erst im Tode selbst erfahren kann: er kommt zur Vereinigung mit der Wahrheit, zur Kommunion mit der göttlichen Welt. In den vorchristlichen Einweihungen, z. B. derjenigen im alten Ägypten, wurde der Neophyt in einen todesähnlichen Schlaf versetzt, während der Priester und seine Gehilfen Macht hatten, seine Seele samt seinen damals noch lösbaren Lebenskräften aus dem Leibe austreten zu lassen. Der Neophyt erlebte die makrokosmische Welt mit ihren Geheimnissen. Seine Seele wurde nach drei Tagen in den Körper so zurückgeführt, daß die Geisterlebnisse im Gedächtnis blieben. Nun war er ein Eingeweihter. Heute ist das nicht mehr möglich. Auf dem Yogapfad bleibt jeder Aspirant auf sich selbst gestellt. Auch ein etwaiger Guru (Lehrer) kann ihm nur Ratschläge geben. Schon auf der ersten Stufe ändert sich die Welt. Man kommt mehr und mehr zu ihrem Sinn, zu dem, was »sie im Innersten zusammenhält«. Dabei eben muß man bereit sein, festgefahrene Begriffe aufzulösen und neu zu bilden. Eigentlich sind wir in unserer Zivilisation und unseren Begriffen sehr viel festgefahren und in Sackgassen geraten. Man muß bereit sein, feste Begriffe flüssig zu machen.

Was nun auf der ersten Stufe nötig wird, ist die moralische Läuterung. Sie ist eine Art Vorbereitung. Geht man doch zur Hochzeit in einem festlichen Gewand. Da es die Seele ist, die hier zur Hochzeit geführt wird, muß es auch die Seele sein, die sich reinigt, läutert und festlich stimmt.

Einer jener Begriffe, die einen neuen Sinn erhalten, ist der des Eigentums. Irdischer Besitz ist etwas, was man in die Geisteswelt nicht mitnehmen kann. Wer also vom Göttlichen etwas erwerben will, muß die Fähigkeit haben, sich völlig frei von Besitz zu machen. Es ist nicht gesagt, daß er »nichts« besitzen soll. Er muß aber bereit sein, sich jederzeit von ihm zu lösen. Man gebe sich dabei keiner Selbsttäuschung hin.

Ebenso war das Gebot der Keuschheit vorgeschrieben. Das besagt vor allem, daß man Herr sein muß über das Begehren und über die niedere Sinnlichkeit bis in seine Gedanken hinein. Es wäre ein verfehlter Weg, wenn man glauben wollte, durch gewaltsame Unterdrückung natürlicher Vorgänge zum Ziel zu gelangen. Wenn man die Übungen macht und »seinem Sinnen und Trachten« einen anderen Konzentrationspunkt als den gewöhnlichen im Gebiet des Sinnlichen gibt, so läutern sich auch diese Vorgänge. Sie werden auf eine andere Erlebnisebene gehoben; der Mensch verliert sich dann nicht mehr in diesen Dingen. Die Keuschheit in Gedanke, Wort und Tat ist ein Ziel. Auf das, was angestrebt wird, kommt es an. Die Kräfte und Wünsche müssen auf das Ziel gerichtet und bewegt werden. Dabei tritt dann nach und nach in zunehmendem Maße das Erstrebte als Folge ein. Im Streben entwickeln sich die höheren Kräfte und Fähigkeiten. Selbst wenn man nicht zum Ziel kommt, ist es doch von größter Bedeutung, daß man sich auf den Weg zu ihm begeben hat.

Für den Aspiranten gilt ein unabdingbares Gebot: die Schonung allen Lebens. Mag ihm dies auch in Gestalten und Formen entgegentreten, die verabscheuungswürdig zu sein scheinen, er muß eingedenk dessen sein, daß das Leben zum »Einen Leben« gehört und einen geistigen Aspekt hat. Das Ewige ist es, das sich in ihm regt. Es ist nicht gesagt, daß nun andere Menschen dadurch weniger wertvoll seien, daß sie sich an dieses Gebot nicht halten. Ein moralisches Werturteil hat man hiermit nicht zu verbinden. Für denjenigen, der sich entschlossen hat, den »Pfad« zu gehen, gilt dieses Gebot als ein unbedingtes. Wenn es das Streben des Yoga ist, zur Wahrheit zu kommen, so ist es selbstverständlich, daß der Aspirant Wahrhaftigkeit entwickeln muß. Wie sollte es anders sein! Die Wahrheit, zu der er gelangen kann, ist eine solche, die absolut von höherer Art ist. Es ist die spirituelle Wahrheit im Gebiet des Geistes. Im Manas, dem »Ich-Bin«, wird sie erlebbar. Das Christuswort: »Ich-Bin die Wahrheit« läßt uns das Geisterlebnis nur ahnen, welches eintritt, wenn die Kommunion des höheren Menschenwesens mit der kosmischen Wahrheit stattfindet. In jenem »Ich-Bin« wird die Wahrheit erlebbar und in das eigene Wesen hineingenommen.

Die zweite Stufe heißt »Niyama«. Sie erfordert weitere Zucht mit dem Ziel der inneren und äußeren Reinheit. Nur äußere Reinheitsvorschriften, eine Hygiene, wie wir sie in unserer westlichen Welt kennen, führen nicht zum wahren Ziel. Inneres und Äußeres müssen in gleicher Weise »rein« werden. In unseren Seelenfunktionen des Denkens (Vorstellens), Fühlens und Wollens muß die »Reinheit« angestrebt werden. Nur »Reines« kann sich mit der Wahrheit in rechter Weise verbinden.

Denken wir an jene Szene im Evangelium, in welcher der Christus bei seinen Jüngern die »Fußwaschung« vornimmt. Mit seinen Füßen schreitet der Mensch zu Taten. Taten werden Schicksal. In Tat und Schicksal wirkt der Wille des Menschen. Die »Fußwaschung« besagt so auch, daß der Wille des Menschen von Grund auf, von unten her, gereinigt werden muß. Das gilt besonders für die Jünger, die die »Nachfolge« antreten wollen. Ein äußeres Geschehen deutet einen geistig-seelischen Vorgang an. Etwas, was sich auf der untersten Ebene, jener der Sinne, abspielt, kann sich zugleich auf seelisch-geistigem Gebiete unsichtbar vollziehen und »bedeutet« dann noch etwas ganz anderes. An diesem Beispiel kann erkannt werden, welch anderer Art die Wahrheit im Spirituellen ist als in der physisch-sinnlichen Welt. Es wurde gesagt, daß die Willenssphäre des Menschen »gereinigt« werden müsse, wenn man dem im Yoga erstrebten Ziel näher kommen will, und daß wir mit unseren Gliedmaßen zu Tat und Schicksal schreiten. Auf der zweiten Stufe des Yoga kommt es nun darauf an, den Frieden in sich herzustellen. Das erfolgt über die Aussöhnung mit seinem Schicksal. Jeder Hader mit ihm versperrt uns den Weg zur Freiheit.

Freilich, es ist wiederum so, daß man nicht einfach jede Regung der Unzufriedenheit mit seinem Schicksal unterdrücken kann. Das könnte sogar zu Krankheiten führen. Sie sind aber nie das Ziel des Yoga. Es muß eine echte Aussöhnung mit dem Schicksal stattfinden. Das kann nur sein, wenn man erkennen lernt, daß im Schicksal geistige Gesetze wirken, in denen das höhere Wesen des Menschen selber waltet. Wir müssen uns um das Gesetz von Reinkarnation und Karma (Wiedergeburt und selbstgestaltetes Schicksal) kümmern, müssen mit ihm leben. Schon nach einiger Zeit werden Welt und Schicksal für uns ein anderes Gesicht annehmen. Das Schicksal ist nichts

Fremdes, von außen Kommendes, nichts Willkürliches. Wir haben es in früheren Existenzen selber geschaffen, in ihm waltet ein geistiges Kausalgesetz. Dem Schicksal gegenüber ist der Mensch wie im Zustande des Trancebewußtseins. Er begibt sich in jenem Moment zu einem bestimmten äußerlichen Geschehen an bestimmtem Ort. Dort geschieht Schicksal. In großen Stationen ergibt sich der Weg unseres Lebens aus dem, was wir an Schicksalssaat im vorigen ausgestreut haben. Damit ist keineswegs die Freiheit verneint. Frei sind wir in der jeweiligen Gegenwart, in der wir künftiges Schicksal ständig schaffen und die Impulse unseres Handelns einsehen lernen, bevor das Rad des Kausalgesetzes zu laufen beginnt. Von der Vergangenheit sind wir nicht frei. In keiner Weise widerspricht das etwa den Lehren des Christentums. Der Christus sagt seinen Jüngern, daß niemand hoffen darf, von dannen herauszukommen, bevor er nicht seine Schulden bezahlt habe (Matth. 5, 26). Das aber ist ein Karmagesetz! Ihm unterstehen wir. Läuterung und Reinigung unserer Seele in Verbindung mit einer Steigerung unserer Denkprozesse als solcher des inneren, eigenen Lichtes, ermöglichen uns einen Bewußtseinsgrad, von dem aus wir bewußt Schicksal und Zukunft schaffen. Insoweit verbinden sich Freiheit und Notwendigkeit in unserem Schicksal. Die höhere Erkenntnis der Gesetze des Karmas ermöglicht uns, den inneren geistig-seelischen Gleichgewichtszustand zu erringen. Unser höheres Ich ist das geistige Hypomochlion an der Waage unseres Schicksals und unseres Seelenlebens. Durch das Studium, das für die Stufe des Niyama vorgeschrieben war, können wir zum inneren Frieden kommen, zum Ausgleich der beiden Waagschalen, deren Auf und Ab dem inneren Seelensturm entsprechen. Durch Einsicht kommen wir zur Ausgeglichenheit, wissend, daß jenes, was geschehen muß, auch geschehen wird. Meine »Stunde« habe ich in Geduld abzuwarten. Lernen muß ich, friedvoll zur Welt zu stehen. »Selig sind die Friedfertigen, denn sie werden Gottes Kinder heißen«, ist im fünften Kapitel des Matthäus-Evangeliums zu lesen. »Gottes Kinder« war eine Bezeichnung für jene Menschen, die ihrem höheren Wesen zum Durchbruch verhelfen konnten.

Bevor die eigentlichen Übungen begannen, wurde gefordert, daß der Mensch sich in seinem geistig-seelisch-leiblichen Gefüge so lockert, daß er zu einem höheren Lebensbegriff kommt. Der Wunsch, sich mit der spirituellen Wahrheit zu verbinden, muß sich als ein echter erweisen. Der Blick muß von dem, was die Seele an das Irdische bindet, auf ein höheres Ziel gerichtet werden. Das ist nur durch einen Läuterungsprozeß möglich. Es folgt die durch Studium heiliger Texte zu leistende Erkenntnisarbeit. Sie zeigt uns Gesetze des Geistes im Schicksal jedes einzelnen. Sie erweitert des Menschen Blick so weit, daß er nicht nur die kurze Spanne zwischen Geburt und Tod schaut, sondern auch auf die vorgeburtliche und nachtodliche Existenz in den Sphären. Die Erkenntnis der wahren Zusammenhänge führt uns zur Aussöhnung mit dem Schicksal. Erst mit der erzielten inneren Seelenruhe, in der man keine Forderungen an das Schicksal stellt, ist der Aspirant soweit, daß er überhaupt mit weitergehenden Übungen anfangen kann. Es wird werden, was ich erstrebe, wenn mein Reifeprozeß soweit ist. Das ist etwas, was er sich sagen muß. Daß er den einmal erreichten Zustand der Seelenruhe nicht fortgesetzt erhalten kann, ist klar. Das macht auch nichts. Auf die Ausbildung der Fähigkeit, den inneren Waagezustand des Friedens jederzeit wiederherstellen zu können, kommt es an.

Ein Wort sei hier zum Studium »Heiliger Schriften« gesagt. Der Verfasser des Vorwortes dieser Arbeit, Baron Dr. H.-H. von Veltheim, sagt in noch unveröffentlichten »Aphorismen« zu diesem Punkte: »Zum Lesen und Verstehen sogenannter ›Heiliger Schriften‹ und der meisten von Asiaten geschriebenen sowie okkulter Bücher bedürfen wir heutigen Europäer und Amerikaner eines, leider noch nicht vorhandenen, aus westlicher Esoterik verfaßten Wörterbuches.«

Wir haben heute nicht mehr ohne weiteres Zugang zu den alten Schriften, weil sich unsere Bewußtseinslage verändert hat. Man braucht einen Schlüssel, den man sich erst erarbeiten muß.

Erst für die dritte Stufe erfolgen Anweisungen über den Sitz (Asana). Damit ist die gesamte Körperhaltung gemeint. Im Titelbild ist sie wiedergegeben. Jetzt aber muß man bedenken, daß der Mensch der Gegenwart nicht mehr die Gliedmaßen-Gelenkigkeit hat, wie sie zur Zeit des Patanjali vorhanden war. Der Osten hat sich diese Fähigkeiten besser bewahrt. Es ist nun keineswegs so, daß die bekannte Haltung eine unbedingte Forderung ist. Dann müßten Artisten die besten Yogis sein. In der dritten Stufe handelt es sich um Vorschriften, die ganz deutlich nur auf den physischen Leib, speziell die Gliedmaßen, bezogen sind. Sie sind der damaligen Zeit entsprechend gegeben und so, wie sie dem östlichen Menschen entsprechen. Im Westen ist die Konstitution nicht absolut jener des Ostens gleich. In dem im Titelbild gezeigten Sitz werden innermenschliche Lebensströmungen durch die Eigentümlichkeit der Fußhaltung in sich wie in einer Lemniskate geschlossen. Der Mensch konnte dadurch vollends in sich selbst ruhen, sich vom Makrokosmos sozusagen absondern. In unserer Zeit, in der die Weltraumforschung schon Pläne für eine Weltraumschiffahrt entwirft, kommt es darauf an, daß sich der moderne Mensch als ein geistiges Wesen in die kosmische Welt hineinstellt. Dazu braucht er auch in der Meditation eine andere Körperhaltung.

Worauf es bei ihr ankommt, ist Festigkeit. Ein Meditieren im Liegen – also in horizontaler Haltung – kommt nicht in Frage. Gerade durch sein Aufgerichtetsein unterscheiden sich Mensch und Tier. Wollen wir zu erhöhten Bewußtseinsgraden gelangen, so müssen wir uns in die Vertikale einrichten. Nur zu unter-wachen Bewußtseinsgraden (Traum – Schlaf –

Tiefschlaf) führt die horizontale Haltung. Aber wir brauchen nicht zu stehen, sondern können sitzen. Beide Füße gehören auf den Boden. Der Blick ist geradeaus gerichtet, die Augen bleiben geöffnet. Die Hände können zunächst gefaltet sein. Man wird in der beginnenden Meditation merken, daß sie sich von selbst lösen wollen. Man lege sie zwanglos ausgestreckt auf die Oberschenkel in die Nähe der Knie. Man sei ohne jeden Krampf, entspannt, sitze fest und bequem. Es kommt nur darauf an, daß der physische Leib so hingesetzt wird, daß er sich nicht störend bemerkbar macht. Er soll das Instrument des Geistes sein.

Die vierte Stufe heißt Pranayama. Wie der Name andeutet, handelt es sich hier um die Beherrschung des Atems. Mit dem Odem ist das Leben verbunden. Der Mensch lebt im Ozean der Luft. In ihr sind Licht und Wärme, die mit dem Atem in des Menschen Inneres dringen. Die vierte Stufe weist uns nicht auf die physischen Gliedmaßen und den Schoß, sondern auf das belebende Prinzip der im Atem körpergestaltenden Kräfte. Der Atemprozeß verläuft in rhythmischen Strömen. Er ist im Verhältnis von eins zu vier mit dem Pulsschlag unseres Herzens verbunden. Der Herz-Lungenschlag zeigt den Rhythmus der luftigen und flüssigen Ströme in uns. Sowohl mit dem Atem wie mit dem Blut hängt unser Leben während unserer irdischen Existenz zusammen. Der erwachsene, normale, gesunde Mensch macht in der Minute etwa 18 Atemzüge, während der Puls ca. 72mal schlägt. Wir sehen hier also ein approximatives Verhältnis von 1:4. Gerade durch diese Rhythmen ist der Mensch mit dem Kosmos verwandt. Der Mond hat in der rund 18jährigen Sarosperiode einen Rhythmus, der vervierfacht wieder einen solchen der Frühlingssonne ergibt. Sie schreitet in 72 Jahren um einen Grad im Tierkreis rückwärts (Präzision des Frühlingspunktes). 72 Jahre sind wiederum das Maß des menschlichen Lebens. Den

18jährigen Rhythmus kann man im menschlichen Leben ebenso nachweisen; er facht das Leben neu an. Diese Zusammenhänge seien hier kurz angedeutet, und zwar insoweit, als sie ihren Zusammenhang mit den Lebensrhythmen offenbaren. Es besteht ein gesetzmäßiger, sich im Rhythmischen zeigender Zusammenhang in den Strömen des Odems (Luft und Licht) und denen der Säfte (Blut und Lymphe) im menschlichen Organismus. Beide sind aufeinander abgestimmt, und dies Strömen im Menscheninnern hat wiederum in der makrokosmischen Welt eine Parallele. Sie ergibt sich aus dem Umstand, daß der Mensch aus dem Kosmos herausgeboren ist. Atmen wir nun in diesem Rhythmus von etwa 18 Atemzügen bei 72 Pulsschlägen in der Minute, so sind wir innerlich in Harmonie mit den Strömen des Makrokosmos, mit jenen von Mond und Sonne. Wir werden feststellen können, daß eine solche Harmonie uns in den kosmischen Weltenprozeß eingliedert, und zwar so, daß sie unser Bewußtsein eher herabmindert als erhöht. Heraklit tat den dunklen Ausspruch, wonach der Streit der Vater aller Dinge sei. Das besagt, daß oppositionelle, gegensätzliche Kräfte das Weltall überhaupt erst konstituieren und möglich machen. Volle Harmonie führt zu seligem Schlummer, gegensätzliche Kräfte dagegen zur Steigerung des Bewußtseins.

Indem nun der Aspirant seinen Atemstrom individualisiert und beherrscht, gewinnt er Einfluß auf die eigenen Lebensprozesse, die seinen physischen Leib durchströmen. Er wird damit nach und nach zum Herrn über diese inneren Lebensströme. Er gewinnt Macht über sie, lernt es, nach und nach Bewußtsein in sie hineinzusenden und damit jene »Chakras« oder »Lotosblumen« zu entfalten, deren Sitz die Yogalehre kennt. Da der Geist der Demiurg alles Werdenden und Gewordenen ist, wird der Menschengeist dahin kommen, jene Reizstoffe der Hormone, Vitamine usw. vom Bewußtsein her über die Lebensströme, über Drüsen und zugehörige Chakras zu erzeugen und nach Belieben im eigenen Organismus zu lenken. Es stehen im Menschenleibe Entdeckungen bevor, die bedeutungsvoller sind als die der Atomzertrümmerung. Nur hingewiesen sollte auf diese Möglichkeiten werden. Ich hoffe, daß der Mensch der Gegenwart diese Geheimnisse über das Leben noch nicht finden möge. Die moralische Verwüstung verbietet uns dies heute noch. Die Technik ist ja schneller fortgeschritten, als die Moral gereift wäre. Wenn zwischen beiden kein normales Verhältnis hergestellt werden kann, müssen unsere Entdeckungen zu einer neuen Menschheitskatastrophe führen.

In der vierten Stufe geht es wie gesagt um die Beherrschung des Atemstromes, wodurch der Körper in Ruhe versetzt wird. Ich möchte hier wieder einen der unveröffentlichten Aphorismen des Dr. von Veltheim anführen. Er schreibt: »Als der indische Heilige, mein Guru, Shri Ramana Maharishi, nach Wert und Wesen von Atemübungen (Pranayama) gefragt wurde, antwortete er: Es ist leichter, das Gemüt als den Atem zu beherrschen. Letzteres ist, wie wenn man eine Kuh mit Gewalt ausmelken will; das erste aber, wie wenn man mit einem Bündel Gras freundlich kommt und ihr den Rücken streichelt.«

Wir sind in der vierten Stufe immer noch im Vorhof zum Allerheiligsten, das erst in der eigentlichen Meditation gegeben ist. Der erwähnte Guru erblickt in den Atemübungen heute mehr eine Art Technik. Das würde nicht besagen, daß dem auch vor 2000 Jahren so war. Damals hatte der Atem und seine Regulierung eine größere Bedeutung als heute, und ganz besonders im alten Indien. Hier soll damit jetzt nur gesagt sein, daß die technische Beherrschung des Atems noch zu gar nichts führen wird, wenn die anderen Voraussetzungen nicht erfüllt sind.

Wie es für Rumpf und Gliedmaßen nur darauf ankommt, daß sie nicht stören und daß sie Instrumente des Geistes sind, so kommt es bei den lebendigen Rhythmen darauf an, daß auch sie zu Instrumenten des Geistes gemacht werden, durch die es gelingt, das Körperliche in den Zustand vollkommener Ruhe zu versetzen. Der Atemprozeß kann individualisiert, also herausgenommen werden aus dem Gleichklang mit dem Kosmischen. Es kann das z. B. geschehen, indem man es so macht, daß das Ausatmen doppelt so lange dauert wie das Einatmen. Nach dem Ausatmen hält man dann etwa dreimal so lange, wie das Einatmen gedauert hat, den Atem an. Das Ausatmen sollte vollkommen sein, wobei der Nabel zum Schluß nach innen gezogen wird. Bedenken wir, daß beim Einatmen auch Geheimnisse des Kosmos in unseren Leib dringen. Beim Ausatmen dagegen verbindet sich des Menschen eigenes Wesen mit dem des Kosmos. Das muß bewußt geschehen. Eine Pause tritt deshalb nicht nach dem Ein-, sondern nach dem Ausatmen ein. Heute beginnt der Mensch seinen Geist dem Kosmos einzuprägen, den er einst umgestalten wird. In früherer Zeit wurde der Mensch aus dem Kosmos heraus gestaltet. Da hielt er das, was er von außen eratmet hatte, in sich fest. Heute ist es in dieser Art umgekehrt. Alles ist im Fluß, meinte Heraklit. Alles ist im Wandel, in der Metamorphose begriffen. Aus diesem Grunde wandeln sich auch einige Grundlagen, die als Hilfen dem Menschen vor 2000 Jahren gegeben wurden. Sie müssen nicht dogmatisch unverändert, sondern zeit- und raumgemäß zur Anwendung gebracht werden.

Der Aspirant strebt einen elastischen, individuellen, bewußten Atem während der Übung an. Ihn hat er erst erreicht, wenn er keine Mühe mehr auf die Atemtechnik zu verwenden braucht, indem alles wie von selbst geht. Seine Aufmerksamkeit muß frei werden für die höheren Stufen der Meditation selber.

Die fünfte Stufe ist die bewußte Beherrschung der Sinne, Pratyahara. Nach der erreichten völligen Ruhe der Gliedmaßen, des Körpers überhaupt (dritte Stufe), kam es in der vierten auf die Beherrschung der rhythmischen Prozesse an als Vorbedingung für eine geistige Konzentration. Nunmehr ist in der fünften Stufe die Aufgabe gestellt, Herr seiner Sinne und Vorstellungen zu werden. Es geht demnach hier um das Sinnes-Nervensystem, das vornehmlich im Haupte des Menschen konzentriert ist. Es wird Ruhe der gesamten Körperorganisation von unten bis oben angestrebt. Erst nach der »Stillung des Sturmes«, der im Körper des Menschen herrscht, ist es möglich, jene Kräfte frei zu machen, die in übersinnliche Bereiche zu dringen vermögen. In der Leibesorganisation sind geistige Kräfte fortwährend tätig, bleiben uns aber unbewußt. Bringt sie der Mensch in der geschilderten Art zur Ruhe, vermag er sie in anderer Weise anzuwenden. Er kommt dann dazu, sich als ein Geist-Ich, als Manas zu erleben. Im gewöhnlichen Ich des Menschen ist all das zusammengefaßt, was er im seelisch-leiblichen Zusammenhang erlebt. Eine höhere Stufe, die eben durch die Meditation in voller Bewußtheit erreichbar wird, nachdem Seele und Leib schweigen, ist das Erleben und Erfahren jenes Ichs, das unsterblich ist und teilhat am Reiche reiner Geistwesen. Die unterste Stufe des höheren, nur geistigen, ewigen Selbsts wird »Manas« genannt. Um im Geistigen wahrnehmen zu können, bedarf es der Ausbildung geistiger Wahrnehmungsorgane, die im Menschen zwar veranlagt sind, von ihm selbst aber erst bewußt entwickelt werden müssen.

Damit sie entwickelt und betätigt werden können, muß der Mensch völlig Herr werden über seine Sinneseindrücke und Vorstellungen. Zunächst strebt er das in bezug auf das Sinnesleben, die Wahrnehmung, an. Er muß Herr darüber werden, indem sein Bewußtsein an den Sinnestoren zu wachen beginnt. Er muß üben, seine Sinnestore bei vollem Wachsein zu »verschließen«.

Keineswegs kann hier unter »verschließen« etwa der Schlaf verstanden werden. In der Meditation ist der Mensch in gesteigertem und nicht in herabgedämpftem Bewußtsein. Es handelt sich vielmehr darum, das, was normalerweise nur im

Schlaf erfolgt, wachend zu erleben. Damit lernt man die »andere« Seite des Lebens kennen – jene, die wir im wahren Sinne des Wortes »verschlafen«.

Wie also kommt man dazu, Herr über die Sinneseindrücke, die äußeren Wahrnehmungen – und auch über deren Nachklänge in unseren Erinnerungen – zu werden?

Durch geduldige, immer wiederholte Übungen kann der einzelne dazu kommen, wenn er Gedanken und Gefühle auf einen einzigen Gegenstand richtet. Er muß wissen, daß »hinter« jedem Objekt ein Geistiges steht und die äußerlich sichtbaren Formen, Farben usw. ihm nicht das ganze Wesen der Sache zeigen, sondern eben nur einen Teil. Der andere Teil ist geistiger Natur und den Sinnesaugen unsichtbar. In konzentrierter sinnlicher Wahrnehmung (z. B. auf einem Kristall) kann es uns gelingen, zu einer Meditation einfacherer Art zu kommen. Das Objekt wird nach einer Zeit, die für jeden individuell lang ist, sich selbst in der Menschenseele aussprechen. Das geschieht in der Art, daß wir spezifische Wirkungen innerlich wahrnehmen. Dabei sind wir – je nach dem Grad der schon erreichten Fähigkeit – so weit in Versenkung, daß alle äußeren Sinneseindrücke verschwinden. Es wacht dann unser innerer Sinn auf, der das Innere des beschauten Objektes wahrnimmt. Nicht um das materiell Innere handelt es sich dabei, sondern um den geistigen Willen, der dem materiell gewordenen Objekt zugrunde liegt. Das wahre Wesen eines Dinges enthüllt sich, die Hülle der Maya wird durchlässig. Maya oder Täuschung liegt so lange vor, wie der Mensch der Meinung ist, daß die sichtbaren Formen und Farben der Dinge ihm die ganze Wahrheit sagen.

Die meditative Tätigkeit ist es, durch die sich unser Wesen so ausweitet, daß das so lange außen betrachtete Objekt wie in uns erscheint und dadurch dann von uns wesenhaft empfunden werden kann. Es tritt vor dem Ertasten des Objektes das Gefühl einer kosmischen Ausweitung des eigenen Selbsts auf. In dem Maße, in welchem sich der physische Sinn schließt, öffnet sich der Übersinn. Das ist nur möglich, wenn die meditative Tätigkeit so stark vorhanden ist, daß sie solches bewirken kann. Das zeigt, daß die Meditation von allergrößtem realem Wert ist.

Zu dieser Stufe gehören »Wahrnehmungsmeditationen«, die vom Stein über Pflanze und Tier zum Menschen führen. Näheres kann der interessierte Leser in dem schon erwähnten Buche von Rudolf Steiner »Wie erlangt man Erkenntnisse der höheren Welten« finden. Es gibt auf dem Gebiete der Meditation viele Möglichkeiten des Abirrens, die verhängnisvolle Wirkung haben können. Nicht beliebige Meditationen können angewandt werden, sondern nur solche, die durch Jahrhunderte von geistigen Führern erprobt sind. Wer den Weg gehen will, der zum Atmen im geistigen Lichte führt, sollte das erwähnte Buch immer wieder studieren. Es ist für den modernen Menschen geschrieben und erspart Um- und Irrwege.

Es würde nicht unserer Aufgabe entsprechen, hier weitere Einzelheiten zu geben. Nur zur Klarheit dessen, was im Yoga vor sich geht, sollen Hinweise gegeben werden.

Die Sinneseindrücke kommen von außen, Vorstellungen dagegen von innen. Sie wirken richtungsmäßig entgegengesetzt. Durch geeignete Vorstellung vermögen wir das Sinneserleben so zu durchdringen, daß wir »dahinter« schließlich den wirkenden Geist des Objektes in höherer Art wahrnehmen. Auch hier kommt es auf die Richtungsumkehr, das Rückläufigwerden des Sinnesprozesses bis zu seinem status nascendi an. In einem Sinne werden wir eins mit dem Objekt, das sich dann selber in unserer Seele seinem wahren Wesen nach ausspricht.

Das mag merkwürdig klingen, ist jedoch erfahrbar. Nichts gilt im Yoga, was nicht unter geeigneten Umständen erfahren werden kann.

Alles Bisherige war Vorarbeit. In ihm waltete eine zwingende Logik. Darin muß man sie sehen: es arbeitet sich der höhere Mensch, sein höheres Wesen, aus dem niederen heraus. Die Seelenprozesse werden leibfrei zu machen versucht. Zuerst war die moralische Willenssphäre des Menschen angesprochen. An sie wurden Forderungen der Läuterung, der Reinigung von all dem, was die ursprünglich reine Seele bei ihrer Verstrickung mit der Erdenwelt befleckt und verdunkelt hat, gestellt. Der Wille des Menschen wirkt sich normal nach außen aus im Begehren, in Taten. Indem der Wille auf das, was als Moralisches im Menschen selber lebt, gelenkt wird, erhält er die umgekehrte Richtung. Das ist es, weshalb diese Forderungen gestellt werden: *die Umkehr der Willensrichtung*. Der Wille fließt nicht in die Außenwelt ab, sondern führt zum inneren, moralischen Wesensmittelpunkt. Daß eine derartige Willenswende zu erhöhten Kräften führt, dürfte einleuchten. Die moralische Substanz, und damit das eigentliche Wesen des Menschen, wird verwandelt. Wesentlich ist dabei, daß er äußerlich in nichts seine Pflichten vernachlässigt, sondern sie gewissenhaft erfüllt. Die Wandlung erfolgt nur innerlich.

Dann galt die Intensität den rhythmischen Prozessen des Menschen, jenen des Lebens. Mit ihrer Beherrschung durch den Geist ist eine Wandlung seines Fühlens vorbereitet. In der Brust des Menschen ist dieses besonders konzentriert, wie auch die Atem- und Blutprozesse in Lunge und Herz ihre Organe haben.

Schließlich kam es auf die Wandlung des Sinneslebens zum Übersinnlichen an. Die Sinne sind im Haupte konzentriert. Der höhere Mensch entwindet sich auf diesem Wege dem Materieverhafteten, Niederen. Die Funktionen des Wollens, Fühlens und Denkens werden leibfrei zu machen versucht. In dem Maße, wie dieser Vorgang fortschreitet, öffnen sich die übersinnlichen Wahrnehmungsorgane, jene »Chakras«, deren Lage noch aufgezeigt werden wird.

Der *Wille* erhält die Richtung *nach innen*, damit zielt er auf die eigene Wesens*tiefe*, den »Vater« und das *Urgesetz*.

Das *Fühlen* wird intensiviert, weitet sich *horizontal* und führt damit von der eigenen Person zum *universellen* Fühlen für alle Wesen, zur großen *Liebe* (zum »Sohn«) im kosmischen Umkreis.

Der *Gedanke* erhält die Richtung *nach oben* und damit zu den *Höhen* des universellen göttlichen *Geistes* (zur Freiheit und zum »Heiligen Geist« oder, wie man auch sagen darf, zur »Himmelsjungfrau«).

Die nächsten drei Stufen der Yogaschulung führen gemäß dem Yogasutra erst in das eigentliche Gebiet der Meditation. Sie beginnt mit der *Konzentration* (Dharana). In ihr wird das Denken auf einen Punkt gerichtet. Es gelingt das nur, wenn die früheren Stufen soweit beherrscht werden, daß weder der physische Leib noch die Lebenskräfte, noch die Empfindungen und Begierden stören können. Die Seele muß einem ruhigen See gleichen. Es geht der Konzentration daher eine Sammlung voraus. Ist sie gelungen, so beginnt die Konzentrationsübung. In ihr soll das Lösen des Denkens vom Gebundensein an sein Organ, das physische Gehirn, erfolgen.

Der Inhalt des Denkens hat zunächst noch konkrete Vorstellungen, ein Bild zum Objekt, aber ein solches, das Symbolcharakter hat. Indem sich die Konzentration immer stärker auf den geistigen Inhalt des vorgestellten Symbols richtet, tritt das Bild selber nach und nach in den Hintergrund. Die gewöhnliche Sinneswelt entschwindet dadurch, daß sich die Seelentätigkeit ihr entreißt. Es beginnt dann das Leben im Reiche der Ideen. Zunächst gibt sich der Mensch der Vorstellung hin, daß er selber denkt: »Ich denke«. Ist er vom vorgestellten Bild frei geworden, nimmt er in der Ideenwelt selber wahr. In ihr selber finden universelle Denkprozesse statt. Das »Ich denke« wandelt sich jetzt in die helle Empfindung: »Es denkt in mir«; man schaut völlig unbeteiligt dem eigenen Denkprozeß zu.

Nach dem Zurückziehen des Lebens aus den äußeren Sinnesorganen (fünfte Stufe) kommt nun also dasselbe in bezug auf das physische Denkorgan. Damit wird der Gedanke völlig abstrakt, hat kein Leben in sich, wird quasi durch den Todesprozeß geführt. Das abstrakte Denken ist »reines Denken«, nur noch Denken, ohne Leben.

So ist es zunächst auf dieser Stufe. Mit ihr ist ein unterster Zipfel der geistigen Welt erfaßt. Das »Ich Bin« wird durch »Manas« erlebt. Es ist »Manna« oder »Himmelsbrot«, Himmelsspeise.

Die siebte Stufe ist zugleich die zweite innerhalb des dreiteiligen Meditationsvorganges und heißt »Dhyana«, die Beschauung. Allgemein wird Dhyana = Meditation verstanden, obwohl es nur deren Herzstück ist. In dieser Stufe ist die *Kraft* zu entwickeln, im erreichten Zustand zu verharren. Sie ist nur vorhanden, wenn der Yogi zuvor wirklich sein Fühlen bis an die Weltenhorizonte geweitet hat, so daß seine aktive, intensivierte Liebe universell geworden ist. Denn was in der siebten Stufe in spiritueller Gestalt, als eine übersinnliche Kraft wiederkommt, ist das vom Geiste umgewandelte Fühlen. Der spiritualisierte Herzprozeß und das spritualisierte Atmen (Ziel der vierten Stufe) verbinden sich jetzt mit der abstrakten, aber noch toten geistigen Bildvorstellung der sechsten Stufe. Das bloße Bild der Imagination nimmt spirituelle Kraft und Leben an. Es geht etwas vor wie ein geistiges Brüten. – Konnte die sechste Stufe zur Entfaltung und zum Erlebnis des »Manas« führen, so die siebte zur »Buddhi«, in der sich der Geist des Lebens offenbart; der Wein des Lebens gesellt sich zum Brot (Manas).

Die achte Stufe ist dann die des »Samadhi«, die tiefste »Versenkung« in tiefster Andacht. Völlig unberührt schaut man allen eigenen Seelenvorgängen des Denkens, Fühlens und Wollens wie denen der leiblichen Hüllen zu. In ihr vollzieht sich die Kommunion des Menschengeistes mit dem göttlichen Geiste der Wahrheit bis in die Substanz hinein. Über Manas und Buddhi hinausgehend, wird das höchste Wesensglied, das in der Erdenzeit erlebbar, »Atman«, erreichbar. Sein Keim ruht im physischen Menschen. Was auf dieser Stufe nun in neuer Art hinzukommt zum gewandelten Denken und gewandelten Fühlen, ist der gewandelte Wille, der die Materie überwindet, sie einst auflösen kann in jenen spirituellen Willen, jene schöpferischen Energien, die am Anfang der Werdewelt standen. Hier stehen wir vor dem größten Wunder der Substanzverwandlung durch die Hineinnahme der Spiritualität in den Willen des Menschen, der neu geheiligt werden kann. – In vollkommener Ruhe und dabei doch höchster Willensaktivität findet Samadhi statt, jene höchste Stufe der tätigen Meditation, die das Yogasystem kennt. Indischer Geistesart entspricht seit Jahrtausenden die Geisteshaltung der Toleranz. So wird niemand behaupten, daß die geschilderten Stufen, die zur Kommunion des Menschengeistes mit dem universellen Geist führten, genau so und nicht anders verlaufen müßten.[1]) Totalitätsansprüche sind zugleich Keime der Vernichtung. Sicher aber ist, daß eben die Vereinigung mit der durch sich selbst seienden, universellen Wahrheit, ihrer Kraft und ihrer Substanz, nur durch die Befreiung der Seelenfunktion von den physischen Organen möglich ist. Diese Funktionen müssen erhöht werden. Wesentlich stärker unterscheidet und spezifiziert die buddhistische Lehre die einzelnen Stufen der Meditation. Darüber gibt Prof. Dr. Hermann Beckh in seinen beiden Bänden »Buddhismus« (bei Walter de Gruyter & Co., Berlin) vorzügliche Auskunft. Mir scheint aber gerade die Unterscheidung von drei Stufen innerhalb des Meditationsvorganges im Yogasystem gemäß dem

Yogasutra deshalb besonders klar, weil sie sich aus der Umwandlung des gewöhnlichen Wollens, Fühlens und Denkens durch den konzentrierten Geist des Menschen ergeben. Sie stehen weiter mit den drei übersinnlichen Hüllen des höheren Menschen-Ichs in Beziehung, die im alten Indien als Manas – Buddhi – Atman bezeichnet wurden.

Inwieweit der Samadhi-Zustand der Kontemplation von einigen wenigen großen Geistern in Indien auch heute noch erreicht wird, zeigt der Verfasser des Vorwortes in seinem Buche »Tagebücher aus Asien« (Greven-Verlag, Köln).

Die Lage der Chakras im Menschenleibe

Bei der nun folgenden äußeren Beschreibung der Chakras stütze ich mich auf zwei Werke über Tantrik-Yoga[2]), die bisher nicht ins Deutsche übersetzt wurden. Es handelt sich hier um das Shatchakra nirupana, welches die Beschreibung von sechs Chakras und Sakrasrāra in 55 Versen bringt, und den »fünfgliedrigen Fußschemel«, Pādukā-Panchaka, der in sieben Versen besonders den 1000blättrigen Lotos besingt. Aus dem Sanskrit hat Arthur Avalon Verse und gelehrte indische Kommentare ins Englische übersetzt. (»The Serpent Power, Deutsche Übersetzung: Die Schlangenkraft, O. W. Barth-Verlag, Weilheim, Obb., 1962.) Die Beschreibung der sechs Zentren und ihre Kommentare bilden einen Teil des Shritatvāchintāmani, das von Shri Purnāndayati verfaßt ist. Die beigefügten Bilder ergeben sich in ihrer Zusammensetzung aus den Texten selber. Die Blätter der Lotos, ihre Farben und Laute, die sonstigen Inhalte, Formen und Tattwas usw. sind diejenigen jahrtausendealter Tradition, wie sie von Hellsehern wahrgenommen wurden. Als Grundlage dienten die von Avalon gebrachten. Es sei jedoch auch auf die Darstellung verwiesen, die sich in der indischen Abteilung des Völkerkundemuseums in München befand. Sie ist im Sinne des Hatha-Yoga gehalten und in Kaschmir gefunden worden. Prof. Dr. Hermann Beckh hat in der Gäa Sophia, 1929, (Orient-Occident-Verlag) eine Wiedergabe dieser Darstellung gebracht und besprochen.

Die Bedeutung des Avalonschen Werkes liegt auf rein wissenschaftlichem Gebiet. In der vorliegenden Arbeit dagegen ist mit Nachdruck an die spirituellen Aspekte gedacht, die diejenigen kennenlernen müssen, die sich auf den Weg begeben, der zur übersinnlichen Erkenntnis führt. Trotz eines Studiums über viele Jahre sind mir die sich zeigenden Zusammenhänge erst klargeworden, nachdem ich nachhaltig Werke Dr. Rudolf Steiners studiert hatte.

Die angeführten geistigen Elemente haben die nunmehr vorliegende, in ihrem selbständigen Charakter freie Arbeit ermöglicht.

Durch das Titelbild soll deutlich werden, wie die einzelnen Chakras mit dem Rückenmark zusammenhängen. Einzelne Systeme behaupten eine feste, andere mehr eine lose Verbindung mit ihm. Diese Gebilde übersinnlicher Wahrnehmung und Lebensenergien werden Lotosblumen oder Chakras (Räder) genannt. Bei einem in gewissem Grade okkult entwickelten Menschen beginnen sie sich zu drehen, während beim okkult unentwickelten ihre Blätter unbewegt herabhängen und in diesem Fall auch nicht farbig, sondern dunkel erscheinen. Der Name »Rad« für ein solches Organ kommt also wohl von seiner drehenden Bewegung. Die Bezeichnung »Blume« ist im übertragenen Sinne gemeint. Nach der Zahl ihrer »Blätter« spricht man vom zwei-, vier-, zwölfblättrigen Lotos usw.

Erst wenn Bewußtsein in die Zentren geschickt wird, richten sich die Blätter auf. Der Guru hat die Möglichkeit, an den Farben abzulesen, wie weit die Entwicklung seines Schülers ist und was er falsch macht.

Die Rückenmarksäule wird der innere »Meru« (ein heiliger Berg Indiens, auf den herab einst der Himmelsozean fiel) genannt. Das Haupt des Menschen ist in diesem Sinne das Dach der Welt, ein innerer Himalaja. Einen Berg erklimmt man nur mit Mühe. So erhält diese Art der Benennung des Rückenmarks ihren Sinn, denn auch das Bewußtsein kann nur durch Mühe und Anstrengung in die Zentren geleitet werden und den Weg zur Höhe erklimmen. Rechts und links winden sich zwei Lebensströme um den mittleren Stab, als der das Rükkenmark in der Zeichnung erscheint.

> *»Zur Linken die weibliche, Ida, als die des Mondes, zur Rechten die männliche, Pinggala, als die der Sonne, in ihrer Mitte Sushumna, der Substanz von dreigliedriger Qualität (Gunas) ist«,*

heißt es darüber im 1. Vers.

Ida und Pinggala bleiben nicht auf einer Seite des Rückgrates, sondern treten zur anderen über, kreuzen es insgesamt dreimal. Anfang und Ende mitgezählt, berühren sich beide fünfmal. Es entsteht das Bild des »Merkurstabes«. Wo dieser im goldenen Apfel endet, ist hier ein Nebenorgan, der dreiblättrige Nasenlotos, vorhanden. Das ist jener »Punkt«, in welchem sich die drei großen Ströme abschließend treffen. Er liegt ganz in der Nähe des bekannten zweiblättrigen Lotos, der zwischen den Augenbrauen gelegen ist.

Die rechts beginnende spannend männliche Strömung ist dunkelrot wie das vom Herzen strömende Blut, die beruhigende linke dagegen fahl, mattrosa wie das Blut der Lunge. Durch die Atmung nimmt das vom Herzen zur Lunge strömende Blut Sauerstoff auf. Durch die Arterialisierung wird es hellrot. Oft wird aber die weibliche Strömung blau gezeichnet, wie es der weiteren Station des Blutkreislaufprozesses entspricht. Sauerstoff wird an die Zelle abgegeben, Kohlensäure dagegen aufgenommen; dadurch erhält dann das Blut die bläuliche, venöse Beschaffenheit. Es handelt sich demnach nicht um einen Widerspruch im Yoga, sondern um die Weiterführung des Prozesses. Man darf hier natürlich nicht an physische Sonne und Mond denken, sondern an deren geistige Prinzipien. Die beiden Strömungen repräsentieren die auf- und abbauenden Kräfte der Natur, die der Yogi in einer mittleren, ausgleichenden Kraft vereinen lernt. Als »Mondenströmung« muß Ida eine Verwandtschaft zu hochpotenzierten Silberprozessen, Pinggala dagegen zum Gold, Sushumna zum Blei haben.

Wie das Rückgrat zum Meru, so wird dem Inder Ida zu Ganga, Pinggala zu Yamuna und Sushumna zu Sarasvati, den drei großen Strömen Indiens. Es ist innen wie außen, lautet ein alter Lehrsatz der Geheimschulung. Die Verwandtschaft des Erdensternes und des ganzen Kosmos mit dem Menschen kommt in solchem Verhalten zum Ausdruck. Tat tvam asi, »Du bist das«, sagt der Lehrer zum Schüler, wenn er auf die Außenwelt zeigt. Alles, was im Kosmos ist, hat seine reale Entsprechung im Menscheninnern. Der Mensch ist ein Kosmos im kleinen, der Kosmos ein auseinandergelegter Mensch im großen, im Siderischen.

Die beiden Seitenströmungen sind zugleich auch im Inneren des Rückenmarkes in Sushumna. Der Erwachte kann den direkten Weg der Mitte gehen, für ihn sind die drei Ströme ein einziger.

Der mittlere Strom ist in sich wieder dreifach. Sushumna trägt die feinere Strömung Vajra und diese die noch feinere Chitrini.

»Von reiner Intelligenz ist ihre Substanz«, sagt der 2. Vers. Avalon sieht in den beiden Strömen Ganglien, die ihre Hauptverbindung mit der mittleren im Solarplexus haben. Beckh spricht sie dagegen als »okkulte Arterien« an. In der Tat tut man unrecht, hier alles nur aus dem physisch-materiell Erfaßbaren zu erklären. Nicht einmal richtig ist es, nur an das materielle Rückgrat zu denken. Man muß sich erst zu einer Auffassung erziehen, daß die physischen Organe nur die materielle Widerlage eines Kräftesystems sind. Ein Bildekräftesystem im Menschen wirkt als Architekt der Organe etc. So liegt auch dem faßbaren Rückenmark ein elementares, den gewöhnlichen Sinnen nicht schaubares zugrunde. Daß dann jenes menschliche, im Lebendigen wirkende Kräftesystem als eine Art »Positiv« im Materiellen sein »Negativ« hat, ist dem Kenner echter Geisteswissenschaft klar. Spricht man aber nur von Ganglien, so hält man sich an das bewirkte Negativ eines übersinnlichen Kräftevorganges. Eine Empfindung bedarf der Nervenströme nur, um im physischen Leib bewußt zu werden. Vom Bewirkten müssen wir auf das Bewirkende schauen, vom Toten (Materie ist tot) auf das Lebendige. Die »Nādis« genannten Ströme sind dem Worte nach »Röhrchen«. Sie sind das jedoch im »Lebensleib«, dem lebendigen Bildekräftesystem, das bis zum Tode den physischen Leib durchdringt. In den insgesamt 72000 Nādis fließen die bildenden Lebenskräfte.

Die unteren fünf Chakras können nach ihrer Lage zur Rükkenmarksäule grob beschrieben werden. Diese wird anatomisch in fünf Regionen geteilt.

1. Steißbeinregion; fünf unvollkommen ausgebildete Wirbel, von denen die beiden letzten meist völlig verwachsen sind, bilden das Steißbein.
   Zu ihr gehört der vierblättrige Lotos.

2. Kreuzbeinregion (sacrum); aus fünf durch das Kreuzbein verbundenen Wirbeln bestehend.
   Zu ihr gehört der sechsblättrige Lotos.

3. Lendenregion; aus fünf Wirbeln bestehend.
   Zu ihr gehört der zehnblättrige Nabellotos.

4. Rückenregion; aus zwölf Wirbeln bestehend.
   Zu ihr gehört der zwölfblättrige Herz-Lotos.

5. Nackenregion; aus sieben Wirbeln bestehend.
Zu ihr gehört der 16blättrige Kehlkopf-Lotos.

Die Zentren bestehen nach dem Nirupana aus unterschiedliche Substanzen, vom Groben zum Feinen fortschreitend, in denen sechs verschiedene Devis (Göttinnen, die wir hier als göttliche, impulsgebende und bewirkende Naturkräfte ansprechen dürfen) walten:

Devi	*Substanz*	*Lotos*
Shākini	Knochensubstanz	4blättrig
Kākini	Fettsubstanz	6blättrig
Lākini	Fleischsubstanz	10blättrig
Rākini	Blutsubstanz	12blättrig
Dākini	Hautsubstanz	16blättrig
Hākini	Marksubstanz	2blättrig

Die Art der Anordnung der Zentren läßt leicht drei Regionen erkennen. So befinden sich die vier- und sechsblättrigen Lotos in der »Feuerregion« (Agni), d. h. innerhalb der des Stoffwechsels mit seinen Verdauungsprozessen und des Geschlechtes mit seinen Trieben. Es ist die Region des Willens, die dem Menschen heute noch dunkel geblieben ist. In ihr walten noch die göttlichen Kräfte der Natur. Der Inder sagt, daß diese beiden Zentren dem Guna Tamas zugehörig sind. Die Gunas sind Qualitäten des Seelenlebens. Man unterscheidet Tamas – Dumpfheit, Rajas – Leidenschaft, die zur Entfaltung zwingt, und Sattva – Weisheit.

Zur Rajas-Region, der mittleren, gehören der zehn- und zwölfblättrige Lotos (Nabel und Herz). In der Brustregion bis zum Zwerchfell verläuft der Atmungsprozeß. Mit dem Herzen ist wiederum das Fühlen besonders innig verbunden. In ihm erlebt der Mensch halbwach, traumhaft. Zur Sattva-Region gehören der 16- und der zweiblättrige Lotos (Kehlkopf und Stirn). Hier urständen die Prozesse der Sprache, der Sinne und des Denkens. In ihnen ist der Mensch am meisten wach.

Mit den drei Regionen der Gottheiten des (saturnischen) Feuers (Agni), der Sonne (Surya) und des Mondes (Candra) sind somit zugleich drei Stufen des Bewußtseins (schlafartiges, traumhaftes, waches) verbunden, wie nacheinander die Seelenfunktionen des Wollens, Fühlens und Denkens und auch die Prozesse des Stoffwechsels, des rhythmischen Atems und Blutes sowie der Sinne und Nerven angesprochen werden. Im einleitenden Verse heißt es denn auch, daß hier gesprochen wird:

»von dem ersten sprossenden Sprößling
(der Yoga-Pflanze)
der vollkommenen Verwirklichung des Brahman,
wie er den Tantraß gemäß,
erringbar durch die sechs Chakras
in ihrer rechten Ordnung.«

Die indische Göttertrinität findet sich in den drei Leibesregionen wieder. In der untersten herrscht Rudra-Shiva (der rote Shiva). Shiva ist eine Gottheit mit vielen Namen und das heißt vielen Aspekten. Er hat selber dreifache Natur, denn er ist Schöpfer und Zerstörer in einem und im mittleren Zustand des Gleichgewichtes auch Erhalter. Shiva ist Pashupati, d. h. Herr aller Geschöpfe. Pashu ist zugleich Geschöpf und Tier. Er wirkt in der Region des Stoffwechsels, der schöpferischen Triebe, also vom physisch schöpferischen Pol des Menschen. Rudra-Shiva ist »Herr des Physischen«, aber auch der heilende Gott. Nicht nur ab-, sondern auch aufbauende Prozesse gehen von hier aus, wie die Ströme Ida und Pinggala zeigen.

Der schöpferisch physische Pol, im Stoffwechselsystem des Menschen urständend, hat seine Polarität im geistigschöpferischen des Hauptes. In ihm herrscht Brahman, der

Geist-Gott im Lichte. Die Polarität von Licht und Finsternis entspricht jener von Haupt und Geschlecht bzw. Stoffwechsel, oder von Denken und Wollen. Die Finsternis eignet der Materie, das innere Licht dem Geiste. Der untere Pol ist damit auch der der Schwere, der obere jener des Leichten, des Lichten, Pol der leuchtenden *kalten* Flamme. Shiva hat also in der Trinität den Aspekt des Vaters, in dessen Urgesetz Natur und Mensch, alle Geschöpfe, eingebettet sind. Er ist das unsichtbare, schöpferische und verzehrende Feuer, das am physisch-schöpferischen Pol des Menschen west.

Brahman entspricht dem christlichen Heiligen Geist. Vishnu, dem Erhalter, eignet die mittlere Region, die des Herzens. Er ist der Sohn-Gott.

Eine gleiche Trinität ist die von Isis – Horos – Osiris der Ägypter. Die erwähnten drei Regionen entsprechen auch Manvantaras, großen Weltenzuständen, die unser Kosmos bereits durchgemacht hat. Aus dem *Willen* der Gottheit wurde die Welt geboren. Aus ihm wuchs sie zum *Leben*. Das Leben wurde in der dritten Weltenmetamorphose zum *Licht* der Menschen. Die drei Werdestufen trägt er im heutigen vierten Weltenzustand in sich selbst.

In den drei Regionen liegen aber auch die Keime zu höheren Welten wie zu höheren menschlichen überwachen Bewußtseinszuständen.

Im Haupt ist die Anlage zu Manas,
Im Herzen die zu Buddhi,
Im Stoffwechsel die zu Atma.

Ihren Keimen begegnet der Yogi in der Konzentration und Meditation. Er pflegt sie und bereitet ihre Erweckung vor. Im Niedersten lebt zugleich das Höchste, »die Letzten werden die Ersten sein«.

Die Entwicklung der höheren Anlagen bedeutet die Wiedergutmachung des sogenannten »Sündenfalles«, die Erlösung des Menschen von Tod und Materie sowie seine Wiederannahme an Kindes Statt durch Gott, auf die nach Paulus alle Kreatur harret.

Kosmische Aspekte

Verbindet man die Zentren so, daß die sich ergebende Kurve zur Spirale wird, welche sich um das Rückgrat rechts und links herumwindet, erhält man das Bild des Merkurstabes. In Spiralform windet sich auch unser Sonnensystem im Weltenraum in Richtung auf jenen »Apex« genannten Punkt im Herkules empor. Das gleiche Gesetz waltet im Menschen wie im Kosmos.

Man kann das Rückgrat als eine Art innere Ekliptik auffassen. Es ist allerdings eine Mondenekliptik, in der die 30 Wirbel 30 Tagen des Mondes entsprechen würden.

Das durch die Zentren gesandte wandernde Bewußtsein kann als Sonne aufgefaßt werden. Die Sonnenwenden würden dann im Haupt (innerer Winter) und im Sexus (innerer Sommer) liegen.

Goethe vermutete im Kopf einen aufgeblasenen umgestülpten Rückenwirbel. Der zwei- und 1000blättrige Lotos liegen im Haupt. Insofern sind sie »frei« vom Rückgrat, während alle anderen Lotos an es gebunden sind. Hätte Goethe recht, so würden die beiden Kopflotos mit einem durch die Metamorphose gegangenen Rückenwirbel zusammenhängen. Sie wären damit in der Lage, ein anders geartetes, freieres Bewußtsein zu entwickeln als das ursprüngliche dumpfe, tierähnliche des in der Horizontalebene erbildeten Rückgrates es ermöglichte.

Den Planetensphären entsprechend wären:
Der 4blättrige Lotos innermenschliche Mondensphäre
Der 6blättrige Lotos innermenschliche Merkursphäre
Der 10blättrige Lotos innermenschliche Venussphäre
Der 12blättrige Lotos innermenschliche Sonnensphäre
Der 16blättrige Lotos innermenschliche Marssphäre
Der 2blättrige Lotos innermenschliche Jupitersphäre
Der 1000blättrige Lotos innermenschliche Saturnsphäre.

In dem 1696 verfaßten Buch »Eine kurtze Eröfnung und Anweisung der dreyen Prinzipien und Welten im Menschen« von Johan Georg Grabern und Johan Georg Gichteln sind die Stellen des Menschenleibes, in denen sich die Chakras befinden, mit den Planeten genau in der oben erwähnten Art bezeichnet. Von den Chakras ist in dem Büchelchen aber gar nicht die Rede. Es ergibt sich so eine Identität der Ansatzpunkte der Planeten im Menscheninnern mit den Chakras.

Im Menschen entsprechen die Sphären zugleich »Weltenmonaten«, Entwicklungszyklen. Vom Monde oder dem vierblättrigen Lotos aufsteigend, befinden wir uns gegenwärtig in der Sphäre des Jupiter, der Region des zweiblättrigen Lotos in der Stirn zwischen den Augenbrauen. Jeder Zeit kommt eine spezielle Lotosentwicklung zu:

Der uralt indischen	der	4blättrige Lotos	Vergangenheit
der urpersischen	der	6blättrige Lotos	
der ägyptisch-babylonisch-chaldäischen	der	10blättrige Lotos	
der ägyptischen Zeit um Echnaton	der	12blättrige Lotos	
der griechisch-römischen Zeit	der	16blättrige Lotos	
der mitteleuropäischen	der	2blättrige Lotos	Gegenwart
der osteuropäisch-asiatischen	der	1000blättrige Lotos	Zukunft

Die »Yoga-Pflanze« wächst in dieser Art im Seelenmenschen empor und bestimmt den Charakter der Kultur.

Es würde den Rahmen der vorliegenden Arbeit überschreiten, wollte ich hier den Nachweis über jene Zusammenhänge erbringen, die zwischen dem Wechsel der Kulturen und dem der Betonung einzelner Sinne bestehen. – Er läßt sich führen. – Man bedenke z. B., daß in den alten vorchristlichen Kulturen Organerlebnisse viel lebhafter waren als heute. Durch den »Lebenssinn« erfolgten Wahrnehmungen innerer Organe, ja des ganzen Organismus, der Empfindungen von gesteigertem oder herabgedämpftem Lebensgefühl, Hunger, Durst usw. wesentlich lebendiger als heute. Das alte Hellwissen war in starkem Maße organbedingt. Dieser Sinn und noch andere sind heute mehr in das Unterbewußtsein versunken, wie z. B. die Tiefensensibilität erweist. Dafür ist heute ganz besonders der Gesichtssinn betont. Durch Wahrnehmen und Denken bilden wir unsere Begriffe. Analog veränderte sich auch die Betonung der Chakras. So mag vielleicht schon aus diesen wenigen Andeutungen einleuchten, weshalb zu unserer heutigen Kultur der zweiblättrige Lotos der Stirne gehört und entwickelt werden muß.

Kundalini

Was ist Kundalini? Sie ist die höchste »Shakti« und damit die erste und höchste gebärende Weltenkraft. In ihrem obersten Aspekt ist sie die Göttermutter Aditi selbst. Verschieden sind ihre Namen. Sie ist Ishvāri, die »allmächtige Jungfrau« und zugleich die »Schlange«. »Schlange« ist als Repräsentantin des alten hellsehenden Bewußtseins zu verstehen. Dieses war organ- und rückgratgebunden. Das alte Wissen beruhte auf einem Hellfühlen. Die Denktätigkeit war noch nicht abstrakt, noch nicht vom Fühlen so emaniert wie heute. Dadurch wieder war im Fühlen auch mehr Weisheit als gegenwärtig. Historisch war es in der Zeit des Mose (im 13. vorchristlichen Jahrhundert), als die »Erhöhung der Schlange« stattfand. Das besagt, daß sich das Schwergewicht der Denktätigkeit aus der mittleren Region des Menschen, zu der das Rückgrat im wesentlichen gehört, zum Nervensystem des Hauptes hinauf verschob. Die alte Weisheit konnte den Vorgang im Bilde der »Erhöhung der Schlange« wahrnehmen. Das Rückgrat kann mit der Form einer Schlange verglichen werden. Wer als Wesen verstünde, in das Rückgrat hineinzukriechen, müßte »schlangengleich« sein. Kundalini ist Mātrika, die Genetrix des gesamten Universums. Mutter ist sie von allem und dabei niemandes Kind! Sie ist jungfräulich weltengebärende Urkraft, die »souveräne Herrin«, omnipotente Kāla. In sich hält sie den Strom von Ambrosia, des eigenschaftslosen Brahman. Eigenschaftslosigkeit der Weltsubstanz ist Unterpfand menschlicher Freiheit. Durch sie kann der Mensch die Substanz zur eigenen, individualisierten gestalten.

Kundalini ragt über das geschaffene Weltenall hinaus. Sie ist die Substanz aller Mantren, Substanz des ewigen Schöpferwortes, durch das alles Entstandene geworden ist. Kundalini ist die mächtigste Manifestation wesen- und weltengebärender Kraft im Menschenleib.

Wörtlich ist sie »die Zusammengerollte«. Sie hat alle Bildekräfte vom Feinsten bis zum Gröbsten (die Tattwas) hervorgebracht. Nachdem sie als letztes das Prithvi-Tattva, die Bildekraft des Festen, geschaffen hatte, blieb ihr nichts mehr zu tun übrig. Sie rollt sich zusammen und »schläft« in ihrer letzten Emanation, dem Erdenprinzip, bis zu ihrer Wiedererweckung nach »drei und einer halben Zeit«.[3]) Diese Prophezeiung kann ein Hinweis auf das Ereignis von Golgatha sein, welches drei und eine halbe Zeit nach der indischen Zeitepoche stattfand und die Wende für die Menschheitsevolution einleitete. Hat Kundalini als Himmelsfeuer im Geistigen ihren Ursprung, ist sie doch im Schöpfungsprozeß zur Erde gekommen und so zur Erdengöttin geworden.

Klar dürfte geworden sein, daß Kundalini Repräsentantin des Weiblichen, und zwar des Ewig-Weiblichen ist. Dagegen repräsentiert Shiva als Erzeuger der physischen Welt das Ewig-Männliche. Ziel des Kundalini-Yoga ist, diese beiden Prinzipien wieder zu einen. Die hauptsächlichen Tattvas (Bildekräfte) sind die des Feuers und des Lichtes einerseits und die des Lebens und des Tones (Wasser-Elementes) andererseits. Sie emanieren aus einem früheren einheitlichen Tattva, dem Akash. Gelegentlich der Ausführungen über die einzelnen Chakras werden wir noch Näheres über die Tattvas hören. Hier kommt es nur auf die große Linie an. Sie führt, wie die tantrischen Texte es ausdrücken, zur Vereinigung von Shiva und Shakti, zur Befreiung der gebundenen Kräfte. Die Vereinigung erfolgt im schwerelosen Feld, im Licht, in der Hauptesregion.

Im Bild sehen wir drei Vereinigungen des männlichen und weiblichen Prinzips. Sie beginnen auf der untersten Stufe, im Felde der Schwere, der Materie, da, wo der Wille ins Begehren ausfließt. Fortgesetzt wird sie auf schon erhöhtem Plane im Lotos des Herzens, um schließlich im Lotos des Hauptes, im schwerelosen Licht, zum Ziele zu gelangen. In drei Gestalten erscheint auch dem Europäer die Liebe: als Eros, Philia und Agape, in der sie vergeistigt ist. Sie ist physisch-elementar, seelisch und geistig. Zu geistiger Liebe zu gelangen und sie in Freiheit zu leben gilt als ein Erdenziel des Menschen.

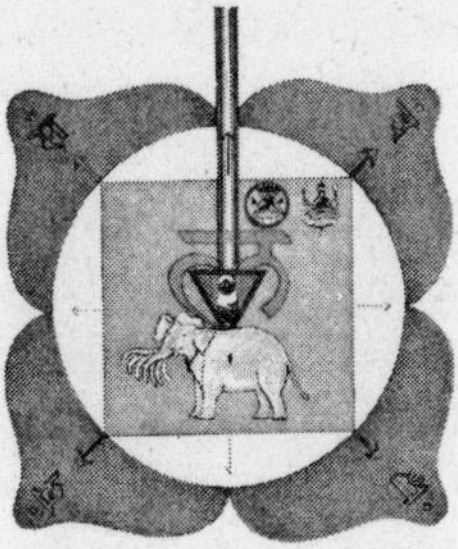

Der vierblättrige Lotos

Mulādhāra Chakra

Während die Säule (Rückgrat) bei den anderen Lotos durchgehend gezeichnet ist, sieht man hier das untere Ende, die Wurzel, im Zentrum des Lotos. Er heißt deshalb »Wurzelträgerlotos«. Die 72000 Nādis haben hier ihre Wurzel. Nerven und ihre Geflechte sind nur physische Grundlage der Lotos. Wir befinden uns mit dem Wurzellotos am *statischen* Pol des Körpers.

Der Trägerlotos schließt den Mund des Rückenmarkkanals ab, wodurch ein »Kessel« (Urbild des Pokales!) entsteht. Ihn »füllt« gegenwärtig noch »niedere Astralität«, Begierdenglut, die nur der Yogi beherrscht, läutert, zähmt, zum schöpferischen Akt erweckt.

Wie das Steißbein aus vier undeutlichen Wirbeln besteht, so hat der Lotos nur vier Blätter. Sie sind karmesinfarbig, jedes einzelne trägt einen Buchstaben in Gold. Dies sind: Va, Sha (palatal), Sha (zerebral) und Sa. In einem späteren Kapitel wird über das Wesen der Laute im Zusammenhang mit den Lotos gesprochen werden.

Die Buchstaben gehen jedesmal im Kreis herum, von rechts oben angefangen.

In hellem Gelb erscheint ein Viereck im Lotos. Acht strahlende Speere leiten von ihm nach außen. Gelb ist die Farbe der Erde, die viereckige Form Ausdruck des Prithivi-Tattvas. Die Tattvas sind, wie schon gesagt, ätherische Bildekräfte. In diesem Fall handelt es sich um diejenige ätherische Kraft, die das »Feste«, die »Erde« im Sinne der alten Elementenlehre bildet. Es geht hierbei nicht um den hypothetischen Äther der Physik, sondern um nur übersinnlich wahrnehmbare Gestaltungskräfte. In moderner Geisteswissenschaft wird »Prithivi« mit »Lebensäther« bezeichnet. In der Tattvischen Region konzentriert sich die »Wurzel«, der »Same«, die »Ursache« des Lebensäthers (des »Festen«) zu leuchtendem Gold, das seinen Ausdruck im Laut »L«, im Sanskrit in »Lang« nasaliert, findet. Das Leben urständet in der Sonne. Einst leuchtete es wie das innere Gold der Weisheit. Goldenes Sonnenleben erscheint hier bildlich als das »Bewirkende« des Festen, der Erde (Prithivi). Alles ist, wie der Evangelist Johannes sagt, aus dem Wort, durch das Wort entstanden. Der Abendländer deklamiert das und empfindet es vielleicht als Poesie. Dem Yogi ist der Anfang des Johannesevangeliums eine unumstößliche Realität. Er weiß konkret, wie der Mensch Fleisch gewordenes Wort ist. Überall in den einzelnen Lotos, als den Angriffspunkten der kosmischen Sphärenkräfte, ist das »Wort« zu finden. Dem Yogi ist es wahrhaft ernst damit. Er ist es, der im einzelnen aufzuzeigen vermag, wie die einzelnen Laute je nach ihrer Eigenart ihnen entsprechende Regionen des menschlichen Leibes geschaffen haben. Das ganze »Alphabet« ist dann auch der ganze Mensch.

Dieses »Lang«, welches uns in konzentriertem Gold als die »Wurzel« oder der »Same« des Lebens im vierblättrigen Lotos erscheint, ist im Sanskrit ein Halbvokal. »Ein Gott war das Wort«, sagt Johannes. Der Laut ist Götterleib. Das zeigt wiederum unser Bild des Wurzellotos. Der schöpferische

Laut, als Schriftzeichen wiedergegeben, sitzt auf einem Tier. Im vorliegenden Fall ist es ein weißer Elefant, wie er aus dem »Milchmeer« des Weltenalls hervorging. Es ist eine alte Vorstellung, wonach die Götter das All durch Quirlung, Wirbelung bewegten.

Der Elefant ist hier das Fahrzeug der Gottheit. Das jeweilig im Bilde des Lotos erscheinende Tier ist zugleich als ein Ausdruck der Qualität der betreffenden Bildekraft (Tattva) anzusehen. Nicht um irdische Tiere handelt es sich, sondern um astralische, um solche, wie sie der Seher wahrnimmt. Das Feste, Massige, Strenge des Lebensäthers wird hier durch den Elefanten ausgedrückt.

Bis jetzt fanden wir: eine ätherische (lebendige) und astralisch-tierische (empfindende) Region im Lotos. Dazu das geistig schöpferische Wort, durch welches die Schöpfung der Regionen herbeigeführt wurde.

Im Lotos finden wir aber außerdem noch Wesenhaftes! Ein Gott und eine Göttin treten auf. Fassen wir die Gottheit als Repräsentantin des gemeinsamen Bewußtseins alles dessen, was sich in Lotos vereinigt, auf. Die Gottheit erscheint in männlicher und weiblicher Gestalt. Im Kosmisch-Geistigen ist ein Inneres »weiblich«, ein Äußeres »männlich«. Das hindert nicht, daß eine Göttin »außen« erscheint. Sie ist die nach außen gesetzte kraftvolle Seele der Gottheit. Die sich offenbarende Gottheit erscheint in der Polarität.

Der Gott ist hier Brahman selber. Er wird mit weißem, schwanähnlichem Vogel dargestellt. (Es handelt sich aber nicht um irdische, sondern um im Astralischen geschaute tierähnliche Wesen.)

Rotfarben, viergesichtig, vierarmig erscheint er als Kind, Rosenkranz, Stab und Kürbis tragend.

Die Göttin ist hier Türhüterin, »Hüterin der Schwelle«. Sie ist Trägerin der »immer reinen Intelligenz«. Sie ist »unbefleckt«.

Dem Erleuchteten ist sie in ihrer Wesenheit als Türhüterin

erkennbar. Dem Profanen zeigt sie nur die andere Seite: für ihn ist sie »wild und grausam«. Sie trägt Speere und ein kultisches Schwert, mit dem die »Opfertiere« »geschlachtet« werden.

Der Yogi aber lernt, daß diese »Opfertiere« nichts anderes sind als die eigenen niederen Seeleneigenschaften, jene niedere Astralität derjenigen Leidenschaften, die mit dem Sexus vereint sind. In jenem »Kessel« des Wurzellotos ist die »Büchse der Pandora«, ist der Hexenkessel eigener ungeläuterter tierischer Triebe und Begierden. Die Göttin trägt eine Schale mit Wein, der den Toren berauscht. Dem Yogi wird der Wein zum Himmelswein, zur kosmischen Erkenntnis!

In wildem Temperament zeigt sie ihre Zähne.

Der übende Schüler weiß, daß er nur sein eigenes Wesen in dieser Gestalt erblickt. An der Schwelle tritt es ihm entgegen. Er erschrickt, solange die Gestalt die eigene niederseelische Häßlichkeit offenbart. Ändert sich der Seelenzustand, so mit ihm zugleich das geschaute Bild.

Die Türhüterin Brahmans, die Hüterin an der Schwelle zum Geist, wie wir uns ganz modern ausdrücken dürfen, zeigt dem Schüler sein eigenes Ebenbild. Der Yogi erschaut die wilde, grausame Gottheit nach seiner Läuterung als das reine, leuchtend jungfräuliche Leben, dessen Himmelsteil immerdar unbefleckt geblieben ist.

In das weibliche Triangel ist das männliche Lingam, der Phallus Shivas, gesetzt. Sie sind Zeichen einer Kommunion im Felde der Erdenschwere und finden ihren Gegenpol im Haupt, wie wir sehen werden, wo die Kommunion im Lichte erfolgt. Der physisch-schöpferische Pol hat im Haupt sein geistiges Gegenbild, seinen Gegenpol. Aus der Einheit des oberen Poles führt die schöpferische Kraft zur Vielheit des unteren, von ihm wieder zurück zum Geist.

Am unteren Pol des Menschen schläft nun Kundalini, die Erdgöttin; sie bewacht das Tor, das zu Brahman, der schöpferischen Gottheit, führt. Sie ist die gebärende Weltenkraft, die alles geschaffen hat. Daher ist sie »Matrika«, Weltenmutter und »niemandes Kind«. Nachdem sie alle Formzustände, auch alle Tattvas geschaffen hatte, blieb ihr nichts übrig, als sich zusammenzurollen und zu schlafen, wie schon gesagt. Ihr Name bedeutet die »Gerollte«. Das schöpferische göttliche Feuer ist durch sie in den Bereich der festen Erde gekommen. Himmlische Kraft wurde irdische, Himmelsgöttin wurde Erdengöttin, chthonische Göttin. Als solche ist sie »Schlange«. Im Vierblatt ist ihr Sitz. In ihm ist Himmelsfeuer im Menschen an die Erde gefesselt. Wie ein Aschenbrödel verzaubert, schläft himmlische Schöpferkraft zwiegespalten in Geschlechter, aber nur durch »drei und eine halbe Zeit«.

Drei und eine halbe Windung glänzenden Lichtes befinden sich am Lingam. Der Lebensäther ist, von der indischen Epoche an gerechnet, für drei und eine halbe Zeit (Kulturepochen) gebunden. Dann kommt seine Zeit der Erhöhung und Befreiung. Lebens- und Erkenntnisbaum können wieder zusammenwachsen.

Der Erkenntnispraktiker vermag ohne diesen Grund nichts. Ziel des Yoga war und ist, sich von der Bindung zu befreien; dies nicht aus Selbstsucht oder um sich *nur* zu befreien, sondern weil der so Befreite zum Heil der Menschenbrüder wirken kann und ohne Initiierte die Welt zugrunde gehen würde. Die höheren Geistwesenheiten brauchen die Eingeweihten. Kundalini ist geistiges Lichtorgan, das in die Finsternis getragen ist, wo sie latent am statischen Pole des Menschen ruht. Sie ist Herrin des Yoga »zur Befreiung des Wissenden, zur Bindung des Toren«. Sie ist auch trauernde Witwe, indem sie von ihrem göttlichen Weltenursprung getrennt ist. Als latente Kraft wird sie durch den Odem zur dynamischen. Der Yogi erweckt und führt sie durch die Zentren hinauf bis in die Region des Erkenntnislichtes, wo sich Kundalini mit der männlichen Kraft (Shakta) zur Überwindung der Vielheit eint.

Das Mantram, mit dem er sie weckt, ist das Wort »Ich bin«,

im Sanskrit Hamsa, nasaliert gesprochen: Hang-Sa. Hamsa oder Hansa ist zugleich das Wort für Schwan (Gans). Das ist der Grund dafür, daß Brahman mit dem Schwan gezeigt wird. Er meditiert: »Ich bin Brahman«, ich bin Geist. Es ist so in jenem Bilde des Viereckes, wo Brahman mit dem Schwan erscheint, zugleich auch der Inhalt der Meditation für den, der zu lesen versteht, angegeben.

Mit der Meditation »Hamsa« führt der Yogi die latente Lichtkraft hinauf. Dann hält er den Atem – und damit Weltenkraft – eine bestimmte Zeit in sich. Entlassen wird der Atem, indem das Mantram Hamsa ebenfalls umgekehrt wird zu »So ham«, was »ich bin er« besagt.

Im Odem wirkte durch das Mantram die Weltenmusikalität, das Wort über den Klangäther (Apas). Die Meditation »reinigt« geistig den Atem, eine übliche Rhythmik erkraftet und gesundet ihn. Vom linken Nasenloch gelangt er zur Ida, wird durch Pinggala ausgestoßen und umgekehrt. Der Fortgeschrittene vermag Sushumna zu benutzen, wenn er die »Gerollte« aufgerichtet hat. Dann kann er den Atem vom Nabel bis zum Scheitel führen.

Jedes Lotosblatt trägt einen Laut und damit eine Gottheit. In den vier Blättern sind es drei S-Laute, Zischlaute, und das V. Die gesamten 50 Laute des Sanskritalphabetes befinden sich auf den 50 Blättern der Lotos. Der ganze Mensch ist so ein Ausdruck des Weltenwortes, das wir hier in den astralischen Zentren finden, hineinwirkend bis in den physischen Leib. Rudolf Steiner sagt: Das ganze Alphabet ist der ganze Mensch.

Nun ist H der geistige Laut; wir finden ihn im Haupt. S dagegen ist Schlangenlaut; wir finden ihn am Gegenpol, dem Sexus, und hier in der vierblättrigen Blume.

Das geistige H wirkt für den Yogi befreiend auf die an das irdische S gebundene göttliche Schöpfermacht.

Im vierblättrigen Kleeblatt hat man ein Hinüberspielen des Motives. Strindberg verarbeitet es in der »Verborgenen Tür mit dem Vierblatt« im »Traumspiel«.

Die Umkehr des Meditationsweges in unserer Zeit wird bis in die dabei anzuwendende »Technik« deutlich. Grundsätzlich ist der Europäer anders konstituiert als etwa der Inder, bei dem Atemübungen in steter Verbindung mit entsprechenden Meditationen etwas ihm durchaus Gemäßes sind. Der Europäer ist viel stärker auf Ausbildung des Nerven-Sinnessystems eingestellt und geht mehr von diesem aus. Es fällt ihm entsprechend viel schwerer, zu einer wahren Meditation zu kommen, weil Sinnesschein und Intellekt ihn immer wieder ablenken. Dabei pflegt der Europäer ganz unberechtigt seinen Intellekt Geist zu nennen und mit diesem zu verwechseln. Man kann Atemübungen nur in Verbindung mit einem echten Lehrer (Guru) machen, weil sie Gefahren in sich bergen. Die rechte Meditation und eine bestimmte Rhythmik spielen dabei eine wesentliche Rolle. Es ist schon etwas anderes, ob man den Atem nach der *Einatmung* festhält, wobei man die Weltenkraft in sich ruhend hat, oder ob man ihn nach der Ausatmung anhält, wo man eigenes Wesen in den Erdumkreis sendet. Das sollte dann Güte sein! Es gab Schulen, in denen die Yogis mit ihren Fingern alle Sinnestore während der Atempause verschlossen. In der Polarität kommt es heute für den Europäer darauf an, im Gegenteil noch alles aus dem Kopf herauszudrücken, was an Sinneseindrücken und intellektuellen Gedanken in ihm ist.

Wenn der Mensch schließlich in Gedanken etwas unrichtig macht, hat das noch keine so schwere Wirkung, als wenn er dem Willen eine falsche Richtung gibt. Im Willen haben wir den Gegensatz von Gut und Böse, im Fühlen von schön und häßlich, im Denken von richtig und unrichtig. Die Gefahr des Weges von unten nach oben liegt darin, daß man in das Böse abrutscht und damit den vernichtenden Kräften Vorschub leistet. Willenskräfte sind wesentlich stärker als Gedankenkräfte. Das innere Licht saugt die dunklen Willenskräfte herauf und durchschaut sie. Man muß sie zuerst erkennen. Der Ausgangspunkt dafür ist der Bewußtseinspol im Haupt!

Vier Regionen sind in jedem Chakra: die mit der physischen Welt verbundenen, sie durchdringenden Tattvas (die ätherischen Bildekräfte) in ihrer spezifischen Bildetendenz. Das Physische ist in der Lokalisation der Zentren im Körper gegeben. Nur der Angriffspunkt, von dem die Wirkungen in das Physische ein- und ausströmen, ist im Lotos. – Die Gestaltungsform des Tattvas ist hier durch das Viereck gegeben.

Das Astralische ist durch das Tier da, hier durch den Elefanten. Es ist ein spezialisiert Astralisches, wie es zu der Qualität des jeweiligen Äthers gehört. Das Niederdevachanische ist durch das Wort, den Wortsamen (ausgedrückt durch ein Schriftzeichen), im vorliegenden Fall durch »Lang« gegeben. Das höher Devachanische ist in dem Bewußtsein, ausgedrückt durch die Polarität von Gott und Göttin, vertreten. Genauer gesagt, ist jeweils der Übergang, die Schwelle angeführt, die von der einen Region in die andere führt. In jedem Lotos ist damit eine Leiter da, deren Sprossen der Meditierende zu beschreiten hat. In dem Bild hat man so zugleich den Inhalt der Meditation, durch die das Zentrum erweckt werden kann. Jegliche Schöpfung verläuft in dieser Weise. Von oben nach unten gehend, verfolgt der Meditierende rückwärts den Schöpfungsvorgang und kann zur erstrebten Vereinigung mit dem Geistursprung gelangen.

Umkehrend kann er selber vom Geschöpf zum Schöpfer werden und erfüllt damit Weltenziele und nicht »Selbsterlösung« im egoistischen Sinne. Werdet vollkommen, wie Euer Vater im Himmel vollkommen ist, ist eine Aufforderung des Christus. Ihr seid Götter, sagt er. Das heißt, daß der Mensch den Keim dazu dank der göttlichen Gnade in sich trägt.

Der Wissende hat erkannt, daß das Schicksal des einzelnen Menschen mit dem *des* Menschen unlösbar verbunden ist. Auf die Erlösung *des* Menschen, nicht des Einzelmenschen kommt es an. Schmückt sich die Rose, so schmückt sie auch den Garten.

Der vierblättrige Lotos ist ein Tor zur Geisteswelt, insofern deren Dasein sich in der physisch-ätherisch-astralischen Körperwelt offenbart.

Von Kundalini sagen hier die Verse:

»... sie ist die Weltverwirrerin (die Maya-Welt der Täuschung besteht durch sie),
indem sie sanft den Mund Brahma-Dvaras
mit ihrem eigenen bedeckt.
...
...
Ihr Glanz ist wie der eines starken jungen Aufblitzens.
Ihr süßes Murmeln ähnelt dem undeutlichen Summen von Schwärmen liebestoller Bienen
und der weiche Tonfall süßer, harmonischer Musik.
Sie ist es, die alle Wesen der Welt durch Ein- und Ausatmung am Leben erhält und die im Hohlraum
des Wurzel-Lotos
wie eine Kette glänzenden Lichtes leuchtet.«

Es muß beachtet werden, daß der Wurzel-Lotos nicht im Physischen urständet, sondern in einer »subtilen Region«, wie Avalon bemerkt. Es wird sich damit um die astralisch-ätherische Aura des Menschen handeln, die von Abbildungen her bekannt sein dürfte. Nach unten hin verliert sie ihre Klarheit, wird undeutlich, um schließlich im Nebelartigen zu entschwinden.

Für den alten Inder hörte die Welt nach »unten« hin nicht mit dem Menschen auf. Der siebenfachen Himmelswelt entsprach auch eine siebengegliederte Unterwelt, Patala genannt. Der Mensch stand damit in der Mitte zwischen zwei Welten in einer eigenen dritten. So ist denn auch in den tantrischen Texten von drei Welten die Rede. Sie sind ineinandergeschoben.

Ich möchte versuchen, das modern so auszudrücken:

Der Mensch lebt während seiner Erdeninkarnation in der Sinneswelt. Die höhere, geistige Welt ist übersinnlicher Art. Ihr entspricht eine untersinnliche. So steht der Mensch zwischen Über- und Untersinnlichem!

Gerade die Betonung, daß der Wurzel-Lotos noch unterhalb des Physischen urständet, zeigt, daß er bis in das untersinnliche Gebiet hinabführt. Hier liegen auch die großen Gefahrenquellen. Es ist durchaus möglich, daß der Mensch in das Untersinnliche abrutscht, wenn er sich nämlich nicht auf das moralisch Gute, sondern das Böse konzentriert. Er hat die Wahl zwischen beiden, weil ihm die Erkenntnis gegeben ist. So führen manche moderne Praktiken, die mit Drogen das Seelenleben beeinflussen, in die untersinnliche Region. Auch eine zu stark ins einzelne gehende Analyse zerfasert die Seele, zerspaltet sein Ich und bringt den Menschen an den Rand des Untersinnlichen.

Ich muß hier noch auf den Unterschied hinweisen, der für die beiden Geschlechter hinsichtlich der Ausgangspunkte der beiden tattvischen Ströme besteht. Beim Manne gehen sie vom Scrotum, bei der Frau von den Ovarien aus. Daselbst werden die männlichen und weiblichen Hormone erzeugt, die für das Leben unentbehrlich sind.

Es zeigt sich somit, daß beim Manne der Ansatzpunkt der Bildekräfteströme tiefer liegt als bei der Frau. Das berührt einen Wesensunterschied. Der Mann ist unter das Normalmaß in die Materie hinabgestiegen, die Frau dagegen steht nicht völlig auf der Erde. Erst die Mitte zwischen beiden würde den Normalmenschen ergeben. Die Frau ist dem Übersinnlichen, der Mann dem Untersinnlichen, seiner Natur nach, näher: cum grano salis sei es gesagt. Es wird hier ganz davon abgesehen, daß jeder Mann auch Weibliches, jede Frau Männliches im Wesen hat. Es ist jetzt vom körperlichen Ausgangsort der zwei Bildekräfteströme, die sich um das Rückgrat und in ihm aufwärts winden, die Rede. In den Texten wird einmal der

Weg des Stromes so geschildert, daß er vom linken Scrotum zur linken Schulter, von da sich krümmend durch das Herz zur rechten Schulter und von ihr zum rechten Nasenloch verlaufe. Der Gegenstrom beginnt und endet polar.

Es wird sich beim Leser schon von selbst die Einsicht ergeben haben, daß die Zentren eng mit den innersekretorischen Drüsen und der Bildung von Hormonen etc. in Beziehung stehen. Die für das Leben so notwendigen Wirkstoffe der Drüsen stehen an der Grenze zwischen Ätherischem und Physischem. Damit eben erweisen sich die Chakras als Lebensenergiezentren, als spezifizierte Zentralen der verschiedenen lebendigen Bildekräfte oder Tattvas, ohne die kein physisch materieller Leib belebt sein könnte. Am Markzopf, dem Filum terminale (Endfaden), findet sich graue und weiße Gehirnsubstanz, und zwar, im Gegensatz zum Gehirn, ist hier die graue innen. Diese hochsensitive Substanz steht in Beziehung zum vierblättrigen Lotos. Das unterstreicht seine Bedeutung für alle Lebensvorgänge. In der Kreuzbeinregion beginnt der Wirbelkanal, der verlängert bis zum Gehirnmark hinaufführt.

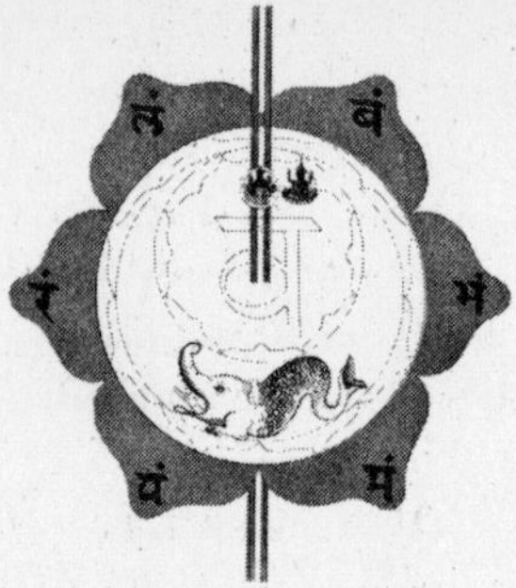

Der sechsblättrige Lotos

Svādhistāna Chakra

Dieses Chakra liegt im Rückenmarkzentrum an der Wurzel der Genitalien. Zinnoberrot sind seine sechs Blätter. Auf ihnen leuchten sechs Buchstaben in der Reihenfolge: Ba, Bha, Ma, Ya, Ra, La. In ihm befindet sich die »weiße Region« des Varuna, eine »Wasserregion« mit dem Halbmond als der Formtendenz des Oberfläche bildenden Apas-Tattvas, der Bildekraft des flüssigen Elementes. Der Halbmond ist von einem weißblättrigen Achteck umgeben, als einer geometrischen Figur der ätherischen Gestaltungskraft. In der Mitte des Lotos (Padma) ist die Wurzelkraft, der »Same« des flüssigen Tattvas, der Buchstabe »Vang«, das V, angegeben. Der W-Laut ist der Logossamen des »Wassers«. (Alles Flüssige ist »Wasser« im Sinne der alten Elementenlehre.)

Er bedient sich in seiner Wirkenskraft eines weißen Makara, einer Art Alligator, d. h. einer tierischen Kraft im flüssigen Elemente. Der Gott oder das gemeinsame Bewußtsein alles dessen, was sich in diesem Lotos vereint, ist Vishnu mit Szepter und Muschelschale. Er ist gelb und von jugendlicher

Erscheinung (also nicht mehr »Kind« wie der Gott im vierblättrigen Lotos). Der jeweilige Gott ist zugleich der schöpferische Punkt, der Bindu, aus dem das »Wort« hervorgeht, das dann das ganze Zentrum schafft. Von oben nach unten sieht man den Abstieg, das Fleischwerden des Wortes:

Zuoberst der schöpferische Punkt im göttlichen *Bewußtsein*, darunter die *Kraft* des Wortes, das, vermittels eines dritten, des Tieres oder der astralischen Begierde, die Region schafft. Als viertes tritt die Ätherart (Tattva) auf, die wieder der Baumeister des Physischen ist. Aus dem göttlichen Bewußtsein emaniert die Kraft (Energie), das Wort, die Göttin; allgemeine Bewegung entsteht aus der Kraft des Willens, dem »Feuer«. Daraus wieder geht die *spezifizierte* Bewegung, der »Same« eines bestimmten Wortes, hervor. Dieses bewirkt Begierde, wenn es in der astralischen Sphäre (Tier) anlangt: es will sein (Begehren). Im weiteren Abstieg wird es ätherisch; die spezifische Bildetendenz erscheint; hier ist es der Halbmond und dazu das Achteck als zweigeschlechtliches Zeichen, aus zwei Vierheiten entstehend. Die nach außen tretenden Blätter sind dann Konfigurationen des Ganzen, wie sie sich aus der Lage des Lotos im Leibe ergeben. Von den Blatträndern strahlen, über die Spitzen verlaufend, ätherische Ströme aus.

Im Rückenmark steigt der dreifache Strom, eine Wahrnehmungskraft, das Kundalinifeuer, durch die Zentren hinauf, wenn der Yogi es weckt und lenkt. Die latente Kraft wird dann zur dynamischen. Eine Verbindung dieses Zentrums besteht zur Region des 1000blättrigen Lotos, dem Scheitelchakra. Von ihm heißt es, daß Nektar hinabtropfe, der die Shakti (Weltenkraft) Rākini »trunken« mache, die sich innerhalb der Region des sechsblättrigen Lotos befindet. Das »Trunkene« verweist uns auf das herabgedämpfte Bewußtsein. Mit den sechs Blättern sind sechs Leidenschaften verbunden: Lust, Angst, Gier, Täuschung, Stolz und Neid.

Die Meditation befreit den Schüler von diesem Negativen

und wandelt alles in das Positive. Dazu muß er Leib, Seele, Geist oder, anders gesagt: Sinne, Leidenschaft und Ideen in bewußte Harmonie bringen. Von *innen* her tritt das Erlöschen der Begierde ein. Das Schweigen des Begehrens wird nicht durch äußere Mittel, wie z. B. Kasteiungen, erreicht. Nur innerer Verzicht bringt den Durst der Begierden (des astralisch Tierhaften im Menschen) zum Erlöschen. Der ganze Mensch muß durch das Selbstbewußtsein beherrscht werden, will er diesen Lotos ausbilden. Der Mensch kann dann mit Wesen höherer Art Verbindung erlangen, insoweit sich deren Dasein in der *Seelenwelt* zeigt.

Der zehnblättrige Lotos

Mānipura Chakra

Sein Sitz ist wieder im Rückenmark, und zwar in der Region der fünf Lendenwirbel. Er wird auch Nabel-Lotos genannt, weil in der Nabelgegend, dicht unter dem Zwerchfell, auf der Aorta, sich jene Ganglienhäufung befindet, die man das Sonnengeflecht, Solarplexus, nennt. Er steht in der Magengrubennähe in unmittelbarer Beziehung zum zehnblättrigen Lotos. Mit allen Eingeweiden steht dieses Zentrum in Verbindung, wie ein Gehirn des unteren Menschen. Es war Urbild des ganzen sympathischen Nervengeflechtes.

Die Blätter sind von der Farbe schwergeladener Regenwolken. In ihnen erscheinen zehn Laute in blauer Farbe: Da (zerebral), Dha, Na, Ta, Tha, Da, Dha, Na, Pa, Pha. Im Inneren des Zeichens befindet sich ein feuriges Dreieck mit der Spitze nach unten. Dieses hat – wohl als Ausdruck der Beweglichkeit – an jeder Seite ein Svastikazeichen. Es repräsentiert Bildekraft des »Feuers«, das Tejas-Tattva.

Der rote Same des Feuers ist der Laut Rang (R). Das wäre in der Sphäre der Inspiration. In der der Imagination, im Astralischen, wird der Laut zum Widder; er trägt ihn, ist »Herr des Feuers« in der tierverwandten astralischen Welt. In der intuitiven Bewußtseinssphäre sieht man oberhalb des roten Dreiecks den alten roten Rudra auf einem von weißer Asche beschmierten Stier. Er trägt Blitz und Donner, als Bilder von Nerven- und Blutprozessen. Neben ihm befindet sich eine Göttin als seine Kraftoffenbarung. Sie erscheint in Blau, Edelsteine und Perlen tragend. Manipura ist der Name dieses Chakras, weil es leuchtend wie ein Edelstein ist. Die weibliche Gestalt ist Göttin des Verdauungszentrums, Grundkraft der tierischen Nahrung. Es ist hier das Gehirn der Ernährungsprozesse. Sehr realistisch wird sie als von Blut und Fett triefend dargestellt. Im roten Gott und der blauen Göttin sind die Geheimnisse des roten und blauen Blutes enthalten. Vom unteren Pol bis hierher sind die Meditationsgötter »Fleischesser«, d. h., es handelt sich um, dem normalen Bewußtsein verborgene, Geistprozesse, die in der tierischen Nahrung tätig sind. In den höheren Zentren ist das nicht mehr der Fall. In dieser Art kann man ein Verständnis für den Sinn dessen erringen, daß es in den alten Kulten grausame und blutige Göttergestalten gab. Es sind dies eben Vorgänge, die im Menschen selber vorhanden sind, Weltenkräfte und Weltenbewußtseine, die in die Regionen des Menschen schaffend hinabsteigen, chthonisch werden. Noch heute müssen physischer und Bildekräfteleib nachts den Weltenmächten, sogar auch dunklen, überlassen werden.

Die Göttin ist von Ambrosia berauscht. Das heißt, daß das Bewußtsein durch Genuß tierischer Nahrung nicht zur vollen Nüchternheit und Klarheit kommt. Der Yogi meidet solche Nahrung. Ambrosia ist feste Speise, deren eigentliches Gebiet der Lebenspol im unteren Menschen ist und die mit dem Kundalinifeuer aufwärts getragen wird. Nektar dagegen hat mit dem lichthaft Flüssigen zu tun, das von der Bewußtseinssphäre, vom Soma-Chakra im Haupte, heruntertropft. Aber auch der weibliche Ida-Strom ist nektarhaltig.

Ambrosia ist dem Prithivi- und Apas-Tattva (Leben und Ton), Nektar dem Vayu- und Tejas-Tattva (Licht und Wärme) verwandt. Es sind das Ausdrücke, welche mit den Begriffen von Milch und Honig korrespondieren und auch als Vorläufer von Brot und Wein betrachtet werden können, die sich auf- bzw. absteigend im Kelche des Herzens, des zwölfblättrigen Lotos, als ein Oberes und ein Unteres im Wesenskern treffen.

Der von Asche weiße Stier, auf dem der rote Rudra sitzt, muß wohl auch im Zusammenhang mit den Verdauungsprozessen verstanden werden; mit dem Zu-Asche-Werden eines Teiles der Nahrung, wie der Stier selber geradezu ein Repräsentant der Verdauungskräfte in deren zeugendem Aspekt ist.

Die Meditation auf dieses Zentrum gab dem Yogi ein Bewußtsein von den Kräften, die das Weltenall schaffen, zerstören und dessen Nahrung sind. Dieselben Kräfte findet er in dieser Region im Menschen wieder. – Er empfand auch eine Verwandtschaft dieses Lotos mit dem Gesichtssinn, der für das Empfinden von Farbe und Form angeregt wurde.

Dagegen ergibt sich im sechsblättrigen Lotos eine Affinität zum Geschmackssinn (Region des Wassers). Im Schmecken wird dasjenige aus dem »Festen« (Prithivi) frei, was an elementarischer Geistigkeit in ihm war. Im festen Stoff einer Pflanze ist z. B. auch die Kraft der Sonne, des ganzen elementaren Umkreises enthalten. Es wird rückgängig gemacht, was zum Festen geführt hat. Dessen elementarischer Geist wird frei wie die Seele des Menschen, wenn sie im Tode den physischen Leib verläßt.

Im noch tiefer gelegenen Träger-Lotos wird in der Yogalehre eine Affinität des Prithivi (Lebensäthers als Bewirker des »Festen«) zum Geruchsinn behauptet. Welcher Art aber diese Verwandtschaft ist, erklärt erst die Sinneslehre Steiners. Wie das Schmecken sich polar zum organischen »Festwerdungsprozeß« verhält, so der Duft, das Riechen, zu dem der Verbrennung. Im Duft steigen ätherische »Riechschemen«

aus dem Stoff wie eine Art Gespenster auf. Der Verwesungsvorgang ist ein kalter, langsamer Verbrennungsprozeß. In der Asche (Shivas) kommt die Verbrennung zur Ruhe, zu ihrem Ende.

Wenn nun die Yogalehre die Region des Nabel-Lotos zum Sehen, zum Gesichtssinn also, in Beziehung setzt, so werden wir wiederum nur dann einen Sinn darin erblicken können, wenn wir die Polarität von Sehen und Verdauen begreifen. Zum Sehvorgang kommt ein bildhafter Eindruck von außen auf das Auge. In feinen Nerven setzt sich das Sinnesorgan nach innen fort. Auf der Nervenbahn führt uns das Bild zum Denken und dieses zu Vorstellungen.

Wenn wir »sehen«, sind wir »im Bilde«.

Demgegenüber hat der Verdauungsprozeß nicht Bild-, sondern Seinscharakter. Er findet nicht im Bilde, sondern in der Realität der Stoffwechselprozesse statt. Unser Ich ist mit in diesen Prozessen am materiellen Pol schöpferisch tätig. Daher sind wir nicht »im Bilde« und erleben den Prozeß zwar im Sein, aber nicht im Bewußtsein. In der Verdauung geht der Prozeß von innen aus, mithin polar zum Sehvorgang. Wie das Denken zur Vorstellung führt die Verdauung zur Ausscheidung und Entleerung nach innen und außen. Auf den Polaritätscharakter wies Rudolf Steiner in verschiedenen Vorträgen hin. Erst daraus wieder war es mir möglich, den tieferen Sinn der Yogalehre hinsichtlich der Sinnesaffinitäten zu den Chakras zu verstehen.

Dasjenige nun, was im Verdauungsprozeß der Nahrung an Elementarisch-Geistigem dem physischen Ernährungsstrom abgerungen wird, steigt weiter mit dem Blut aufwärts über das Herz zum Hirn. Dort wird das zur Grundlage von Gedanken und Vorstellungen. Mit Hilfe der Bauchspeicheldrüse und der Galle wird das Elementarisch-Geistige von der physischen Schlacke, der Materie, getrennt und dem Blutkreislauf zugeteilt. Die Gehirnsubstanz wird vom Blut unterhalten, vom Atem erneuert.

Nach Steiner findet bei jedem Denkprozeß eine ganz feine Absonderung im Drüsensystem statt. Die Gedankeninhalte stehen zur Drüsenfunktion in Beziehung und beeinflussen sie. Im Erinnern, dem Wiederhervorbringen von Bildern, ruft der Mensch die Bildekräfte (Tattvas) der Drüsen an.

Durch Meditation über den Nabel-Lotos lernt der Schüler die Sinneseindrücke in bewußter Weise beherrschen. An die Stelle unterbewußter Anti- und Sympathien treten dann bewußte Beziehungen. Illusion und Willkür werden überwunden. Was Form und Feuer hatte, gewinnt Licht und Farbe. Dadurch enthüllen sich Kräfte und verborgene Eigenschaften der Natur. Der Schüler lernt die wahre Rolle kennen, welche die Reiche der Natur (Tiere, Pflanzen, Metalle, Steine) in deren Haushalt spielen. Atmosphärische Erscheinungen zeigen ihr wahres Wesen. Die Farbenaura der belebten Wesen wird dem Yogi sichtbar; sie kündet von Seeleneigenschaften und Talenten.

Solange die äußeren Sinne Macht haben, bleibt der Lotos unwirksam. Das Spiel unbewußter Erinnerungen führt so lange von Illusion zu Illusion, bis die Beherrschung aller von außen kommenden Sinneseindrücke erreicht ist. Was von unten, von der Erde, den chthonischen Kräften her heraufströmt über den Ernährungsprozeß zum Blutkreislauf, wird in der Region über dem Zwerchfell stufenweise vergeistigt. Der Atemstrom verbindet sich mit dem Blut. Zu einer stofflichen Seite gehört die andere: die Vergeistigung!

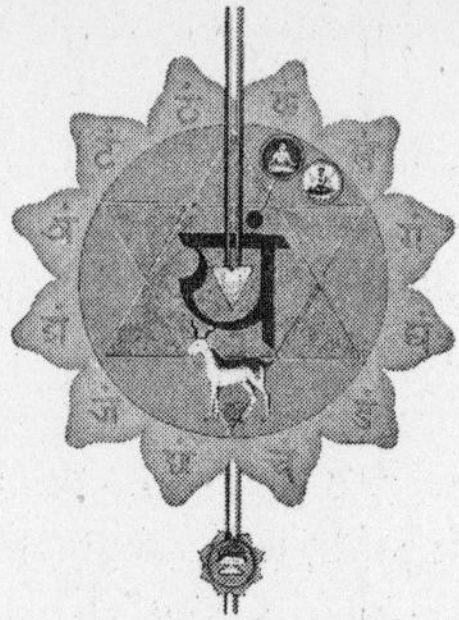

Der zwölfblättrige Lotos

Anāhata

Er befindet sich in der Herzregion. Seine Blätter sind von hellerem, die zwölf Laute in ihnen erscheinen in dunklerem Rot, die innere Region ist karmesinfarbig. Darin befindet sich ein rauchfarbenes Sechseck (Rauch des Feuers, das die Zeit gebar und geistig dem Leben zugrunde liegt) in der Form zweier sich durchdringender Dreiecke: Oberes und Unteres durchdringen sich. Es ist das Zeichen des Makrokosmos, der im Herzen erlebt werden kann. Diese Region wurde als die des Vayu-Tattva (Licht) empfunden. Licht und Feuer wurden bei den alten Indern noch ineinander geschaut. Die Gazelle oder Antilope ist wegen ihrer Flüchtigkeit das astralische Tier dieses Elementes. Im Niederdevachanischen tönt der Laut Yang (Y) als Geistname wie ein konzentrierter Extrakt dunkleren Rauches.

Alle Geistwortnamen der vier Tattvas sind Halbvokale.

L (la, lang) ist der »Same« von Prithivi
V (va, vang) ist der »Same« von Apas

R (ra, rang) ist der »Same« von Tejas
Y (ya, yang) ist der »Same« von Vayu.

Als Bewußtseinselement findet man jenen Gott, der als »der Herr« bezeichnet wird, den dreiäugigen »Isha« auf schwarzer Antilope (schwarz als tote Farbe des Geistes) mit einem Stachelstock, wie ihn die Hirten benutzen – ein Urbild des Hirtenstabes!

Er ist der »Oberherr« der drei unteren Lotoszentren, die in so starker Weise mit Stoffwechselvorgängen verbunden sind und ihre Verwandtschaft mit dem Tier zeigten. Von hier beherrscht »Isha«, der Herr, die unteren Kräfte mit seinem Stabe. Der Stab schafft Ordnung, wie es das Ich im Menschen und das Licht der Sonne im Universum zu tun vermag. – Neben ihm auf rotem Lotos, goldfarben, gelbgewandet, Juwelen und Girlanden von Knochen tragend, die Göttin.

Die Göttinnen machen jeweils Gesten der Vertreibung von Furcht: Fürchte dich nicht – das ist das erste, was der Seher lernen muß. Gesten begegnen wir in allen Lotos. Ich habe hier bewußt davon Abstand genommen, auf sie einzugehen. Man versteht unter »Mudras« bestimmte Gesten, Haltungen von Händen und Fingern, wie sie in religiösen Kulten im übrigen überall geübt werden. Zum Teil werden durch sie Lebensströme in bestimmte Wege gelenkt. Wir berühren damit das Gebiet der Magie. Sie wird heute sehr verschieden beurteilt. Völlig abgelehnt wird sie besonders von denen, die gar nicht wissen, was sie ist. Gewiß, Faust meinte in seinem Erkenntnisdrange, daß es für ihn besser gewesen wäre, sie von seinem Pfade zu entfernen. Faust aber urständet im Mittelalter, wo es eben gerade an der Zeit war, daß sich das Streben nach Erkenntnis mächtig regte und alte Bindungen zerschlug.

Erkenntnis wird durch das Denken und Beobachten gewonnen, Magie dagegen urständet in den dunklen menschlichen Tiefen des Willens und des Lebens, wie es sich besonders in den Blutprozessen darbietet.

Es ist heute aber schon wieder an der Zeit, fortzuschreiten und die wirklichen Vorgänge des Lebendigen zu studieren. In jenem Maße, in welchem es uns gelingt, Erkenntnis- und Lebensbaum wieder zu vereinen, einen sich auch Erkenntnis und Magie in der Ebene des moralisch Guten. Wir sind davon heute noch weit entfernt, aber die ersten Schritte werden wir tun müssen. Die höheren Gesetze des Lebendigen erkennen heißt uns zum einsichtigen Magier machen. Magie ist Kriyashakti, Sonnenkraft. Sie erkennen bedeutet dem Worte »Magie« den furchterregenden Beigeschmack nehmen. »Fürchte dich nicht«, sagen die Mudras (Gesten) des Herz-Lotos. Das gilt auch für denjenigen, der die Regionen des Lebendigen erforschen will, unter der Voraussetzung, daß er es in Andacht und Ehrfurcht tut.

Während die Gottheit im zehnblättrigen Lotos noch von Ambrosia berauscht ist, erscheint die des zwölfblättrigen von Nektar besänftigt, von jenem Nektar, der aus der Region des Hauptes, dem inneren Lichtpol des Menschen, heruntertropft.

Im Innersten findet sich ein goldfarbiges weibliches Dreieck mit dem männlichen Zeichen darin, sowie mit dem zunehmenden Mond als die Nektar empfangende Schale. Das ist zugleich das Bild der flammenden Seele. Es brennt hier die Seele als ewige, ständige, nie verlöschende Flamme. Sie leuchtet gleich 10000 Sonnen am windstillen Ort, unbeeinflußt von außen. In sich selbst ruhend, ist sie Atma. Das Urbild der »ewigen Lampe« ist hier.

Anāhata ist dieses Zentrum deshalb genannt, weil es der Grund des Weltenwortes ist. Das Y gebiert es. Der Laut liegt als Halbvokal zwischen dem Vokal I und dem Konsonanten J. Jahwe, Jesus, Ich sind aus ihm gebildet.

Das Wort wird hier geboren, ohne daß sich zwei Dinge berühren. Die Geburt durch das Wort ist wahrhaft »unbefleckte Empfängnis« in dieser Region der »Anna«!

Anna bedeutet Gnade; Anael ist der »gnädige Gott«. Hier

ist der Gnadenaltar im Menschen. Im Vers heißt es über diesen Lotos: *»Meditiere in ihm über den Sitz der Gnade.«*

Unter dem zwölfblättrigen Lotos ist noch ein kleiner achtblättriger roter Lotos, der zur Herzregion gehört und auch innerhalb derselben erschaut werden kann. Er ist ein Nebenorgan. In ihm ist der juwelengeschmückte Altar mit dem Schutzdach, einem Baldachin, darüber. Hier stehen die »heiligen Bäume« des heiligen Haines. Es ist der innere Ort einer geistigen Gottesverehrung. Im Herzen soll sie erfolgen.

In dem zwölfblättrigen Lotos ist die Region der »Stimme der Stille«, wo die Sonnen- und Sphärenharmonie erlebt wird. Das Göttliche offenbart sich hier im inneren Wort. Licht und Wort (Ton), vayu und apas, wirken zusammen. Im Herzorgan entfacht der Mensch von außen das geistige Lichtorgan. Über das Herz macht das höhere Ich das sinnliche Selbst zu seinem Werkzeug. Von ihm aus wird es gehandhabt.

Was im 16blättrigen Lotos *Form* hatte, zeigt im zwölfblättrigen als Charakteristikum Seelenwärme und Kälte. Dasjenige, was auf Wachsen und Entwickeln zielt, strömt Seelenwärme, dasjenige, was sich auf Vergehen und Zerstören gründet, dagegen Seelenkälte aus.

Ein tiefes Verständnis für Naturvorgänge erlangt der meditierende Yogi.

Vor allem braucht er zur Erweckung des zwölfblättrigen Lotos die völlige Beherrschung des inneren Gedankenverlaufes.

Sechs Tugenden führen zu diesem Ziel:

1. Von außen Kommendes erhält sinngemäße Richtung. Logische Gedanken werden folgerichtig.
2. Kontrolle der Handlungen. Folgerichtigkeit wird ihnen einverleibt.
3. Erziehung zur Ausdauer.
4. Duldsamkeit; das Vermögen, sich in die Lage des anderen zu versetzen und Verständnis für alle zu haben. Die Sonne scheint für alle!

5. Vertrauen, Glauben, Empfänglichkeit für alles; unbefangen gegenüber allen Erscheinungen des Lebens muß der Schüler werden.
6. Erzielung des Lebensgleichgewichtes. Seelengleichmut in allen Lagen des Lebens.

Der achtblättrige Lotos, der so eng zum zwölfblättrigen gehört, hängt mit dem Mittelpunkt des Herzens zusammen. Er hat mannigfache, schnell veränderliche Formen und Farben, ist leuchtend und schillernd. Von ihm aus durchziehen Formen und Farbströmungen den ganzen Seelenleib. Die wichtigsten gehen zu den Chakras, durchziehen die Blätter und regeln die Drehung. Über die Blattspitzen ziehen sie dann nach außen in den Weltenraum.

Je entwickelter der Mensch geistig-seelisch ist, desto größer wird sein aurischer Umkreis. In den zwölfblättrigen Lotos fließen die Strömungen unmittelbar ein. Es gibt Ströme, die zum 16blättrigen und zweiblättrigen Lotos nach oben, andere, die nach unten ziehen.

Für die spirituelle, okkulte Entwicklung ist in diesem Zusammenhang das Herzorgan sehr bedeutsam. Pfirsichblüte ist Grundfarbe des Lebensleibes.

Der Mensch hat ein Freiheitsverlangen. Dieses muß darauf gerichtet werden, sich von demjenigen zu befreien, was *nur* mit den Fähigkeiten seiner persönlichen Natur zusammenhängt.

Indem die objektive geistige Welt mit ihren großen Geheimnissen (»Wundern«) Zugang zum Innern des Herzens erhält, beginnt das, was der wahre Yogi »Befreiung« nennt.

Die Yogalehre sieht eine Beziehung zwischen dem zwölfblättrigen Lotos und dem Tastsinn. Organ des Tastsinnes ist die Haut, welche die gesamte Peripherie des Leibes bedeckt. Er ist damit der am meisten periphere Sinn. Polar dazu ist im Herzen geradezu eine Zentrierung vorhanden. Das Ich wirkt wie der Mittelpunkt eines Kreises.

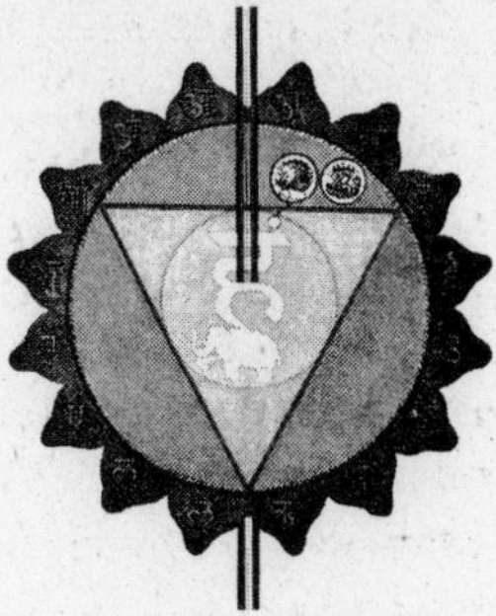

Der sechzehnblättrige Lotos

Vishudda Chakra

Er befindet sich an der Basis der Kehle im Rückenmarkzentrum der Halsregion. Die Blätter haben eine rauchige Schattierung; in purpurner Farbe tragen sie 16 Laute, und zwar 14 Vokale und zwei Hauchlaute, so daß dieser Lotos das Vokalorgan genannt wurde.

Hier ist das Zentrum des Akasha, jenes fünften Äthers, der eigentlich der erste ist und aus dem die vier anderen, uns sonst bekannten hervorgehen. Rudolf Steiner wies darauf hin, daß von den Indern früher der Chemische oder Klangäther (Apas), den wir heute als einen betrachten, noch zwiefach gesehen wurde. Im Akasha hätten wir so den reinen Klangäther. Deshalb ist dieses Zentrum als das gereinigte empfunden und benannt worden: Vishudda. Ein anderer Name ist Bharatisthana nach der Gottheit der Sprache. Man braucht nur den S-Vorlaut zu abstrahieren, um das Wort S-prache in Bhara zu finden.

Hier ist also die Sphäre der gereinigten Seele, das Tor der großen Befreiung. Rein ist die Seele geworden durch das

Schauen von »Hangsah«, der geistigen Innenkräfte von Sonne (Hang) und Mond (Sah), durch das Schauen der kosmischen Kräfte und Gottheiten im Menschen.

Viermal sind bisher Dreiecke aufgetreten; drei mit der Spitze nach unten, einmal eines auch mit einer solchen nach oben. Alle diese Dreiecke waren farbig, das fünfte erscheint hier weiß: es ist ganz rein und durchgeistet.

Innerhalb des gereinigten, weiblich empfangenden Dreiecks erscheint die sphärische Form des Akasha-Äthers. Es geschieht dies in der Gestalt einer fleckenlosen weißen Vollmondscheibe, also ohne den »Hasen« oder »Mann«. Wieder erblickt man einen weißen Elefanten in der Region des Astralischen dieses Zentrums. Die Tendenz zur Schwere, zum Festen, zum »Fleischwerden« liegt schon in diesem Uräther, in der Sphäre des Wortes. Gestalten werden durch ihn gebildet; die Weltenerinnerung lebt in ihm, dem Akasha. Der Schüler gelangt zur Wahrnehmung von Gestalten und sogar zu den eigenen Inkarnationen. Die drei Gestalten der Zeit: was war, was ist und was sein wird, offenbaren sich dem Schauenden.

Die mentale Ursache dessen, was im Elefanten astralisch erscheint, ist der geistige Laut »Hang«, das H.

Das gemeinsame Bewußtseinszentrum zeigt eine Form Shivas, und zwar ist er androgyn. Seine linke Körperhälfte ist golden, seine rechte dagegen weiß. Er befindet sich auf dem großen Löwensitz; seine Füße sind von einem Stier getragen. Die Göttin neben ihm sitzt auf einem Löwen. Von ihr heißt es, sie sei die Hälfte von Shivas Leib, die Mutter des Universums, eben das Wort, aus dem alles hervorgegangen ist. Sie ist »reiner als der Ozean von Nektar, der weiß und kühl ist«.

Das Androgyne und die Verwendung von Stier und Löwe für das Männliche und Weibliche weisen auf die Zukunftsbedeutung dieses Organs hin. Der Kehlkopf wird so umgebildet werden, daß er die Menschengestalt durch das Wort hervorbringen kann. Das Wort war einst bei Gott, es ist dem Menschen überantwortet und wird zeugen.

Nun ist man hier in der Region der Sprache. Aus der Kehle (Kantha im Sanskrit) ertönt das Wort.

Die Yogalehre sagt uns, daß unsere Sprache erst der vierte Grad, die vierte Metamorphose des Wortes ist.

Die Mysterien kennen die vier Formzustände (Runden), welche die Erde bisher durchlief:

den formlosen (arupa), oberes Devachan (Geist),
den geformten (rupa), niederes Devachan (Geist),
den astralischen, Astralwelt (Seele),
den physischen,
in dem wir jetzt aus verdichtetem Astralischem heraus leben. Von den folgenden Formsätzen kann hier abgesehen werden. – Ganz dem entsprechend kennt der Inder vier Formzustände des Lautes. Der unmanifestierte Laut, in dem nur der Wunsch zu ihm da ist, gilt als der erste Zustand. Diese unmanifestierte »Matrika«, die Mutterform des Lautes, ruht schlafend als Grundkraft im vierblättrigen Lotos.

Wunsch und Begierde zu sprechen gehen von jener Region aus, in der kosmische und menschliche Kräfte sich berühren. Hier ist die Sprache *bewegungslos*. Die Begierde zu sprechen läßt die Grundkraft der Sprache aufsteigen. Es entsteht der zweite Zustand als eine noch *allgemeine Bewegung*. Von ihr wird gesagt, daß sie mit Manas verbunden sei, so daß also das Licht der kosmischen Intelligenz in dieser allgemeinen Bewegung wirkend ist. Von der vierblättrigen aufsteigend über die sechsblättrige bis zur zehnblättrigen Blume ist dieser zweite Zustand gegeben.

Von da aufwärts über das Herz hinaus ist der Zustand der Sprache mit dem Buddhi-Element verbunden, nimmt also Leben an, wird zu einer *speziellen Bewegung*, erlangt speziellen *Gesten*charakter und wird ins Ätherische verdichtet. Der Lebensgeist bewirkt die Geste. Das ist der dritte Zustand.

In der nächsten Stufe wird der innere Laut erst befähigt, durch andere gehört zu werden; er wird manifestiert und hat genau *artikulierte* Bewegung. Dies ist der Anteil, der durch die Prozesse zwischen Herz und Kehlkopf bewirkt wird.

Zwischen Kehlkopf und der zweiblättrigen Blume in der Stirngegend entsteht dagegen jene Sprachkraft (Sanskrit: Vak, lat. vox), die von oben her das Harte, die feste Form, die *Hülle* hergibt für den vom *Herzen aufsteigenden ätherischen inneren Laut.* Im Zusammenspiel von oben und unten vollzieht sich die Geburt des vierten Grades der Sprache, nämlich jener Form des Wortes, die wir gebrauchen. Ein Ätherisch-Lebendiges schlüpft hinein in die harte Form und wird dadurch im Zusammentreffen auch anderen hörbar. Diese Sprache nennt der Yogi die »vielharte«, Vaikhari. Man vergleicht die Sprachentwicklung im Menschen mit einer Pflanze:

Im vierblättrigen Lotos sproßt sie,
im sechsblättrigen bilden sich die Blattknoten und Blattknospen,
im zehnblättrigen die Blätter,
im zwölfblättrigen Blütenknospen,
im 16blättrigen die Blüte.

Es ist außerordentlich interessant zu studieren, wie die Laute auf den einzelnen Blättern der Lotos angeordnet sind. Sie sind jeweils im Uhrzeigersinne herum zu lesen. Von oben nach unten ergibt sich die Reihenfolge des Sanskritalphabetes. »Der ganze Mensch ist das ganze Alphabet.«

An den Lotosblumen wird offenbar, wie das *Weltenwort in spezifischer Art* an den Zentren des Menschen gewirkt hat.

Das Haupt, Zentrum der Ideen, nimmt eine Sonderstellung ein, indem in ihm alle 50 Laute verzwanzigfacht nochmals wiederkommen.

Die phonetische Anordnung der Laute im Sanskritalphabet ist durch die Lage der astralisch-ätherischen Zentren bewirkt, die von den Lauten erst geschaffen worden sind. Diese Buchstabenreihe beginnt mit den Kehllauten, den Gutturalen, die den Verschluß für den Laut im Zusammenwirken des hinteren Zungenrückens mit dem weichen Gaumen bilden.

Es folgen die Palatalen oder Gaumenlaute, wo mittlerer Zungenrücken mit hartem Gaumen zusammenwirkt.

Dann kommen die Cerebralen, bei denen die Zungenspitze, zurückgebogen, mit der höchsten Gaumenstelle zusammenwirkt.

Es folgen die Dentalen, wo die Zungenspitze mit den Zähnen vereint wird.

Ihnen wieder folgen die Labialen, Lippenlaute, die durch die beiden Lippen oder durch Zusammenwirken von Unterlippe und Oberzähnen entstehen.

Die fünf Gruppen haben jeweils fünf Laute: Tenuis (stimmloser, harter Verschlußlaut); Tenuis aspirata (mit Hauchlaut versehen); Media (stimmhafter, weicher Verschlußlaut); Media aspirata (mit Hauchlaut versehen); Nasal.

Man sieht darin eine scheinbar rein äußerliche Betrachtungsart und genaue Logik. Sie aber ist ein Ergebnis des schöpferischen Wortes selbst, denn die Intelligenz war in der schöpferischen Wortkraft selber darinnen. Die kosmische Intelligenz ist es, der die menschliche nur folgte.

Auf diese fünf Gruppen folgt eine sechste, nämlich vier Halbvokale, die wir mit den vier Ätherarten in Zusammenhang fanden. Die siebte Gruppe hat dann drei Zischlaute (Sibilanten), nämlich je ein palatales, cerebrales und dentales S.

Dem ist dann der Hauchlaut »H« als achte Gruppe hinzugefügt. Durch das Ha ist die Zahl der Laute, ohne die Vokale, auf 33 gebracht. Das ist die Zahl der vedischen Gottheiten, und es ist zugleich die der Wirbel in der menschlichen Rückenmarksäule, wenn man die nicht deutlich getrennten vier des Steißbeines mitzählt. Man braucht nur diese achte Gruppe, den Laut Ha, der an höchster Stelle im Leibe, nämlich im Kopf, in der Stirn, zu suchen ist, an den Anfang zu rücken, wo er eigentlich hingehört, also vor das Ka, so hat man unseren Anfang und unser Ende des Alphabetes, nämlich A und Z. Unser A entspricht dem aleph des westsemitischen Alphabetes, das mit leisem Hauch gesprochen wurde, es war das H. Unser Z ist ein

Zischlaut. So hat man in diesen Lauten die große Polarität von H zu S. Vom Haupt zum Sexus, sowohl im Sanskrit wie im Westsemitischen, welches wieder mit den Hieroglyphen Zusammenhang hat, als im Lateinischen und in unserem »Alphabet«.

Die Weltenpolarität von Himmel und Erde kommt in ihm zum Ausdruck. Vom Haupt aus wirkt nur die Formgebung für den vierten Grad der Sprache. Die ätherischen Laute sind unterhalb der Kehle. Die Laute sind einmal im Haupte als Formgebendes und ein zweites Mal als Ätherisch-Astralisches, welches Kraft und Empfindung in die Form gießt, und zwar vom Geschlecht an aufwärts bis zur Kehle. In ihr begegnen sich Form und kraftvolle Empfindung.

Die Laute beginnen mit dem Ka im zwölfblättrigen Herzlotos. In ihm sind fünf Gutturale, fünf Palatale und zwei Cerebrale vom Ka bis zum cerebralen Tha. Für die cerebralen Sanskritlaute verwendet man in der lateinischen Schrift dieselben Zeichen wie für die dentalen, indem man zusätzlich einen Punkt unter sie setzt.

Der zehnblättrige Lotos hat alle dentalen und zwei Lippenlaute in sich. Der sechsblättrige beginnt mit dem Lippenlaut ba und hat noch drei Halbvokale. Der vierblättrige hat den letzten Halbvokal und die drei Zisch- oder Schlangenlaute. Das hebräische Schin hat geradezu die Form von drei Zungen, wie sie den drei Strömen entsprechen, die im Rückenmark durch Kundalini aufsteigen. Aleph war der erste Laut im westsemitischen Alphabet und hat die Form, die sich aus der Knotenbildung der übersinnlichen Strömungen in der Stirngegend an der Nasenwurzel ergibt. In dieser Art wird man die Formen der Laute, wie sie ursprünglich waren, ableiten müssen: aus astralisch-ätherischen Realitäten, die übersinnlich geschaut wurden, und nicht aus der sinnlichen Wahrnehmung.

Die Vokale sind ausschließlich im Vokal- oder Kehlkopforgan zu finden. Im gewöhnlichen Sanskritalphabet hat man

13 Vokale, die sich aus neun einfachen und vier doppelten oder Diphthongen zusammensetzen:

Die neun Einfachen: a, ā, i, i, u, r, r, l (der erste Vokal ist kurz, der gleiche zweite lang zu sprechen).

Die vier Doppelten: e (aus a und i entstanden, nur kurz zu sprechen), ai, o (aus a und u entstanden), au.

Zu diesen 13 kommt ein langes l, das die einfachen neun ergänzt. Zum Schluß treten noch zwei gehauchte Vokale Ang und Ah hinzu, so daß sich die 16 Vokale des 16blättrigen Lotos ergeben.

Die Vokale setzen sich so von den Konsonantenwirbeln ab. Sie stehen als ein Mittleres, als seelisches Element zwischen den beiden Polaritäten: den 32 (2 x 16) Lauten unterhalb der Kehle und den 1001 Lauten des Hauptes, den 20mal 50 des 1000blättrigen Lotos plus dem separierten H im zweiblättrigen.

Die Polarität zwischen dem H oder K und dem S kommt im Griechischen auch zum Ausdruck, wenn der Mensch sich zwischen Charybdis und Szylla gestellt sieht.

Von Ka bis zum dentalen Ta (viertes Blatt der zehnblättrigen Blume) reichen die ersten 16 Laute. Vom Tha bis zum dentalen Sa des vierblättrigen Lotos die zweiten. Die 16 Vokale bilden die dritte Reihe. Alle drei Reihen bilden das »Göttliche Dreieck«. Der Futhark, das urgermanische Alphabet, hat auch drei Reihen, drei »Geschlechter«. Die Vokale gehören Brahma, die erhabenste Linie von Ka bis Ta dem Vischnu (Sohn), die von Tha bis Sa dem Shiva (Schöpfer).

Darinnen leuchtet das göttliche Auge, das sich anschaut, was das Wort in der Welt geschaffen hat.

Die Laute in den Lotosblumen:

Im 2blättrigen:	Hang, Kschang
im 16blättrigen:	Ang, Āng, Ing, Īng, Ung, Ūng, Ring, Rīng, Lring, Lrīng, Eng, Aing, Ong, Aung, Āng, Āh

im 12blättrigen:	Kang, Khang, Gang, Ghang, Nyang, Chang, Chang, Jang, Jhang, Nyang, Ţang, Ţhang
im 10blättrigen:	Ḑang, Ḑhang, Ņang, Tang, Thang, Dang, Dhang, Nang, Pang, Phang
im 6blättrigen:	Bang, Bhang, Mang, Yang, Rang, Lang
im 4blättrigen:	Vang, Shang, Shang, Sang.

Das ergibt zusammen 50 Laute. Als ein sekundärer 51. gilt der Visarga, ein Hauchlaut H, gesprochen wie ch in Nacht. Er hat seinen Sitz im Haupt.

Die Reihe der Laute:

	Tenuis	*Tenuis aspirata*	*Media*	*Media aspirata*	*Nasal*
1. Gutturale	ka	kha	ga	gha	na
2. Palatạle	ca (tscha)	cha	ja (dscha)	jha	ña
3. Cerebrale	ţa	ţha	ḑa	ḑha	ņa
4. Dentale	ta	tha	da	dha	na
5. Labiale	pa	pha	ba	bha	ma

Dazu kommen:

6. Vier Halbvokale ya, ra, la, va
7. Drei Sibilanten śa (palatal), şa (sha, cerebral), sa (dental) (Zischlaute)
8. Ein Hauchlaut ha.

Das sind die 33 Laute.

Dazu kommen die 13 bzw. 16 Vokale. Die drei in Klammern gesetzten sind die in der gewöhnlichen Reihe nicht vorkommenden:

Einfache: a, ā, i, ī, u, ū, ŗ, r̄, ļ, (l̄)

Doppelte: e, ai, o, au (āng, āh)

Das kurze e ist doppelt, weil es aus a und i, das o, weil es aus a und u gebildet ist.

Wahre und bedeutungsvolle Gedanken bringen den 16blättrigen Lotos zur Entfaltung. Acht seiner Blätter sind schon in alter Zeit entwickelt. Sie sind Naturerscheinung. Die anderen acht muß der Mensch bewußt entwickeln.

Das geschieht durch Anweisungen, wie sie schon der Buddha Gautama seinen Jüngern im achtfachen Pfad gab:

1. durch rechtes Vorstellen (Achtsamkeit auf richtige Vorstellungen)
2. durch rechtes Handeln (innerlich in der Entschlußfassung)
3. rechte Rede (gedankenvoll und überlegt)
4. rechtes (äußeres) Handeln (harmonisch zur Umwelt)
5. rechtes Leben (natur- und geistgemäß)
6. rechtes Streben (seine Obliegenheiten vollkommen zu machen)
7. rechte Erfahrungen (diese sammelnd und bei Entschlüssen auf sie blickend)
8. rechte Versenkung (in sich selbst, über Zweck und Inhalt des Lebens denken).

Durch das Bewußtsein des 16blättrigen Lotos nimmt man Gestalten wahr, wie schon gesagt. Die Gesetze, nach denen sich die Naturerscheinungen vollziehen, treten in bewegten und lebenerfüllten Gestalten auf. Für jeden Gedanken erscheint eine Form; z. B. zeigt sich der Rachegedanke pfeilartig, zackig, der wohlwollende Gedanke dagegen als sich öffnende Blume; ein bestimmter Gedanke in regelmäßiger, symmetrischer Form, ein unklarer Gedanke in gekräuselten Umrissen (nach Steiner).

»Diese Region ist der Torweg der großen Befreiung
für den, der den Reichtum im Yoga ersehnt
und dessen Sinne rein und kontrolliert sind«,
sagt der 30. Vers.

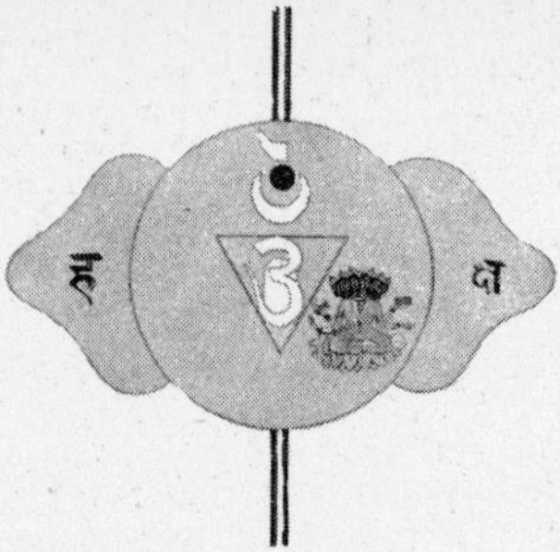

Der zweiblättrige Lotos

Ājna Chakra

Alle Impulse des Erwachten gehen von dem lichten Strahlenzentrum des zweiblättrigen Lotos aus. Das sagt schon sein Name. Ājna bedeutet Befehl, Weisung, Gebot, Auftrag. Er liegt etwa 2 cm hinter der Stirnwand, in Augenhöhe zwischen den Brauen.

Es gibt in Indien Yogis, welche die Entwicklung nicht vom vierblättrigen Lotos, sondern von oben, vom Weisungslotos des Vorderhirns beginnen, wie schon kurz erwähnt. Es sind das die Gayatri-Sadhakas, deren Hauptmeditation die Sonnenstrophe des Rigveda (III, 62, 10) bildet. In der Übersetzung von Prof. Dr. H. Beckh lautet sie:

»Das liebeweckende Licht des Allbelebers,
des göttlichen Sonnenwesens wollen wir
(meditierend) in uns hineinnehmen,
es gebe uns den Antrieb zum
(andachterfüllten) Denken.«

Damit berühren wir eine Tatsache, die für unsere Zeitepoche von der allergrößten Bedeutung ist. Alle Entwicklung vollzieht sich im Zeitenstrom. In der Welt des »geteilten Lebens« hat alles »seine Stunde«, wie auch die Bibel lehrt. Nur im »ungeteilten Einen Leben« ist die äußere Zeit in das Innere des Zeitenwesens selber zurückgenommen. Im Zeitenstrome rinnt das von der Gottheit an die äußere Welt hingegebene Leben. Es bewirkt Entwicklung in Mensch und Welt.

Ganz wesentlich ist, daß der Meditant auch das Bewußtsein nicht als eine feste, sondern wandelbare Größe nimmt. Viele Stufen führen vom dunklen zum immer heller werdenden, sich wandelnden Bewußtsein. Von der Trance führt die Entwicklung über den traumlosen Schlaf zum Traum; von ihm zum gegenwärtigen Normalzustand des wachen, denkerischen Bewußtseins.

Buddha mahnte seine Schüler:

»Wach sein, Ihr Mönche, ist alles.«

Die Übergänge einer Bewußtseinsstufe zur anderen erfolgen nun nicht so, daß die eine in die andere verschwimmt. Es gäbe dann keine Stufen und keine Unterscheidungsmöglichkeiten. Zwischen den einzelnen Bewußtseinsgraden liegen Unterbrechungen, die in das Geistige weisen. Die Stufen verraten uns jeweilige Zäsuren in der Schöpfung der Reiche von Mensch und Welt. Der Inder stellte sich die Entstehung der Welten in einem klaren Bilde vor. Wenn die Gottheit ausatmete, so entstand eine Welt. Atmete sie ein, so verging die Welt, indem sie in den Schöpfergott zurückgenommen wurde.

Entstehen wechselt mit Vergehen in ewigem Rhythmus. Alles Entstandene unterliegt dem Gesetz des Wieder-Vergehens. Aus dem Geistigen heraus verdichtet sich der Wille der Gottheit zu Leben und Licht, zur Empfindung des Lebens und zum Bewußtsein, zur Erkenntnis des Sittlichen durch die geschaffene Wesenheit Mensch. Von der Verdichtung führt die »Wiedereinatmung« der Welt zur Lockerung, Lösung und schließlich zur Auflösung in geistige Welten, aus denen das sichtbare Universum entstand. Was Geist ist im Menschen, das hat teil sowohl an der sichtbaren physisch-materiellen Welt wie zugleich an der uns gegenwärtig unsichtbaren geistigen.

Der Geist des Menschen hat teil auch am »ungeteilten Einen Leben« in der Gottheit. Das geistige Wesen des Menschen taucht im Laufe der Geburten in die sichtbare Welt ein und zieht sich aus ihr mit der Quintessenz der Erfahrungen wieder hinaus. Ein Leben in dieser Welt wechselt mit einem Leben in der Geisteswelt ab, in der der Mensch bei den Göttern »zu Tische sitzt«, die »Speise« mit ihnen teilt. Nun ist der Rhythmus im Entstehen und Vergehen nicht so, daß es ein »ewig Gleiches« gäbe, wie Nietzsche meinte. Im Atem der Gottheit waltet zugleich das Weltengesetz der Entwicklung, die mit Steigerung der Bewußtseinsarten verbunden ist. – Schauen wir auf die Naturreiche! Das Mineral, der Stein, scheint uns kein Bewußtsein zu haben. Für den geistig Erwachten aber ist nichts ohne Bewußtseinsgrad. So können wir etwa sagen, daß der Stein auf der untersten Stufe, der »Trance«, steht. Die Pflanze »schläft«, das Tier »träumt«, der Mensch allein ist soweit, daß er wachen und denken kann. Wie die einzelnen Naturreiche nicht ineinander verschwimmen, sondern sich voneinander absetzen und einen unterschiedlichen Bewußtseinsgrad haben, dürfen wir an ihren Grenzen gerade jene Unterbrechungen der Schöpfung sehen, jene Momente des Zurücknehmens des geschaffenen, geteilten Lebens in das ungeteilte göttliche, in das geistige Sein, das »Pralaya«. In der jeweils erneuerten Schöpfung treten die alten Stufen wieder hervor und eine höhere neue hinzu.

So wird der Mensch, wenn er sich das Gesetz des »Stirb und Werde« zur gesicherten Erkenntnis geführt hat, nicht annehmen, daß nun der gerade zu seiner Zeit erreichte Bewußtseinszustand der letztmögliche ist. Er wird zunächst theoretisch höhere Bewußtseinsarten als möglich zugeben müssen. Zum Beweis wird ihm die eigene Erfahrung, das eigene Erlebnis geistiger Art. Andere Beweise gibt es in dieser Region nicht. Der Meditant kann zu solchen Erlebnissen kommen. Für ihn gibt es erfahrbare überwache, spirituelle Bewußtseinsgrade, in die er sich emporsteigern kann. Sie vermitteln erweiterte Gesichtspunkte. Durch sie erfährt er den Sinn der Welt, das, was sie im Innersten zusammenhält. Alles ist in Metamorphose, in entwickelnder Umwandlung begriffen. Auch unser Seelenleben und unsere Fähigkeiten entfalten sich nach diesem Gesetz gemäß dem Willen der schöpferischen Mächte. So ist es eben wichtig, daß der Schüler auf dem Pfade zur Erkenntnis sich an die jeweils richtige Stufe des Bewußtseins hält und von ihr aus versucht, zu höheren aufzusteigen.

Das ist der Grund, weshalb auch jene indische Schule der Gayatri-Sadhakas von dem lichten und nicht vom dunklen Pole des Menschen-Ichs ausgeht.

Das geistige, höhere Ich ist schöpferisch im unteren Menschen, in seinen Stoffwechselprozessen. Dort ist es aber in gegenwärtiger Weltenstunde nicht bewußt. Das ist es nur im oberen Pol, im Haupt und seinen Denkprozessen.

Die Meditation ist eine schwere Arbeit. Wir hören vom geschichtlichen Buddha, der um 480 v. Chr. seine physische Erdenhülle verließ, daß er erst unter dem »Bodhibaum«, dem Baum der Erkenntnis, jene Tiefe in der Meditation erreichte, durch die sich ihm der Stirnlotos erschloß. Als Folge trat das Stirnmal, die »urna«, wie eine Perle hervor. Der Geist ist es, der sich den Körper baut! Das Kleinod im Lotos nahm bei ihm selbst im Physischen in dieser Art Gestalt an.

Blicken wir von Asien nach Europa, so finden wir, daß gerade zu jener Zeit im damaligen Kulturzentrum, in Griechenland, eine gewaltige Wende im Geistesleben der Menschheit eintrat. Das Verwobensein der menschlichen Seele mit der äußeren Welt der Natur und ihren Elementen war im Erlöschen begriffen.

Im Menschen vollzog sich eine Emanzipation des Gedankenelementes seiner Seele vom Fühlen und Wollen. Eine ursprüngliche Einheit von Denken, Fühlen und Wollen, die zuvor sich schon zweigeteilt hatte, bildete sich mehr und mehr zu unterscheidbarer Dreiheit aus. Bis dahin lag das lichte Gedankenelement noch im Fühlen drinnen. Die Menschen konnten weise sein. Die alte Weisheit erlosch nun nach und nach ganz in jenem Maße, in dem die Abstrahierung des Gedankenelementes fortschritt. Damit wurde der Mensch allmählich auf sich selbst gestellt; die führende, lehrende, anleitende Götterwelt entschwand ihm dabei. Bis da hatte er sie übersinnlich geschaut und besonders im denkenden Fühlen als Realität wahrgenommen. Nun sah er sich allein in der Welt. Diese Entwicklung reicht bis in unsere Zeit, in der sich der Mensch allein empfindet. Damals sprach Protagoras (480–410 v. Chr.) den berühmt gewordenen Satz aus:

»Der Mensch ist das Maß aller Dinge,
der seienden, daß sie sind, der nichtseienden, daß sie nicht sind.« –

Vom delphischen Tempel mahnte das Wort:

»Erkenne dich selbst.«

Plato (427–347 v. Chr.) schaut die Ideen noch außerhalb seiner Seele als den Kosmos durchwebende, lichte Realitäten, die der Mensch nur erfaßt, aufgreift, schöpft. Bei Aristoteles (384–322 v. Chr.) aber erscheinen die Ideen nur innerhalb der menschlichen Seele. Die Maya entsteht, daß der Mensch selber die Ideen produziere. Von ihr hat sich der westliche Mensch bis heute noch nicht befreien können. Aristoteles wird dadurch zum »Vater der Wissenschaften«, weil er beginnt, ein menschliches Lehrgebäude allein auf dem inneren bloßen Gedankenelement aufzubauen.

Das geschah im Weltenmonat des Widders. Astronomisch ausgedrückt besagt das, daß die Sonne zum Frühlingsbeginn im sichtbaren Fixsternbild des Widders stand.

Eine neue Weltenzeit machte sich im Hinüberschreiten der Kulturwelle von Asien nach Europa bemerkbar.

Asien ist die Wiege alter Weisheit und Religion. In Asien hatte der Mensch noch die Empfindung und Erfahrung des Verbundenseins mit dem Kosmos. Voller Götter und Elementarwesenheiten war ihm dieser; man »sah« sie, verkehrte mit ihnen, erhielt ihre Weisungen und Belehrungen. Einen Gottesbeweis brauchte man nicht. Das wäre geradezu als lächerlich empfunden worden. Anders ist es in Europa, in dem sich eine Kultur auf dem vom Fühlen und Wollen mehr und mehr abstrahierenden bloßen Gedankenelement aufbaute, das man nicht mehr im Kosmos und der Erdennatur wußte, sondern nur und allein im Menscheninnern beheimatet und produziert wähnt. Als Buddha gestorben war, klagte Asien, daß das »Licht der Welt« zu frühe untergegangen sei. Den Gautama Buddha hat Asien als das Weltenlicht empfunden. In einem Fragment des Dichters Ashvaghosha aus dem ersten nachchristlichen Jahrhundert heißt es:

»Der Buddha ist das Licht,
das den Namen ›Mensch‹ trägt.«

Wo ist jenes übersinnliche Licht verblieben, das Asien einst draußen wahrnahm und von dem es dann empfand, daß es im Buddha aufgeleuchtet hat, nachdem er den Stirnlotos unter dem Baum der Erkenntnis zur Entfaltung gebracht hatte?

Wir sagten es schon: Es ist in den Menschen eingezogen. Im Buddha sprach noch das übersinnliche Licht selber als ein Mensch. In Griechenland wird es im Hereinnehmen zum Schattenbilde des bloßen intellektuellen Gedankens abgedunkelt zur Grundlage der äußeren Wissenschaft. Wie in Kundalini Weltenfeuer in das Menscheninnere hinabsank, so geschah es in späterer Zeit auch mit dem Weltenlicht. Es sind da zwei verschiedene Erkenntnisstufen. Während der Buddha das Stirnauge des Lotos zur übersinnlichen Wahrnehmung bringt, wird die göttliche lichte Idee in Aristoteles zum schattenhaften Gedankengebilde, eingefangen vom nur physischen Hirn zur Deutung der Wahrnehmungen, die die physischen Sinne in der Außenwelt machen. Wir haben hier ein Verhältnis, wie es in der Welt der Töne zwischen Prim und Oktave besteht.

Nicht ein Stehengebliebenes dürfen wir im Erkenntnislicht sehen, sondern ein ständig im Zeitenstrom Fortwirkendes.

Der Funke des Gedankens, der in Aristoteles' Seele gesenkt war, hat sich in der Wissenschaft fortentwickelt und ist noch nicht am Ende.

Das übersinnliche Licht, das im Buddha Mensch geworden war, finden wir 500 Jahre später im Christus Jesus, der von sich selber sagt: »Ich bin das Licht der Welt« (Joh. 8, 12). Man darf auch mit Recht so sagen: das »Ich-Bin« ist das Organ, welches das Licht der Welt wahrnimmt. Bei ihm handelt es sich um das spirituelle Licht, das dem physischen Sinn nicht als solches sichtbar ist, wohl aber dem geöffneten Seelensinn! Dem Mose offenbarte sich in den Elementen der Erde, im Feuer des Dornbusches jenes makrokosmische Wesen, das von sich sagte: »Ich bin der Ich-Bin.« Bei den Ägyptern war »Nuk pu Nuk« jener »Ich-Bin«. In Indien nannte man das menschliche geistige Wesensglied, welches fähig war, sich als mikrokosmisches Ich-Bin zu erkennen: Manas.

Das Tor zur Geisteswelt, dem das »Ich-Bin« angehört, ist der zweiblättrige Lotos in der Stirn. Seine Ausbildung vermittelt dies Erlebnis.

So berichtet Johannes (Joh. 10, 7) auch jenes »Ich-Bin«-Wort der makrokosmischen Wesenheit: »Ich bin die Tür zu den Schafen.« Lamm, Schaf, Widder gehören der kosmischen Sprache an. Es sind kosmische Begriffe. Der Widder ist im Menschen das Haupt. Im Haupt, im zweiblättrigen

Lotos, ist die Tür zum Geisterlebnis des »Ich-Bin«, zum Manas.

Die Yogalehre kennt zwei Tore im Menschen. Das untere Tor bei dem vierblättrigen Lotos in des Leibes und Lebens schöpferischen Tiefen des Seins. Es ist jetzt verschlossen. Offen aber zur Geisteswelt ist das obere Tor im Haupte (»zu den Schafen«), in den menschlichen Höhen des Bewußtseins. Von hier aus beginnt der Mensch im Geisteslicht zu atmen. Im Leibe selbst besteht die Polarität von Weltenfeuer und Weltenlicht. Sie lebt in der Spannung von Wollen und Denken, zwischen Seins- und *Bewußt*-Seinsprozessen, zwischen Schlaf und Wachsein. In den Substanzprozessen ist der Wille schöpferisch tätig, aber in gegenwärtiger Weltenstunde ist es nicht der Eigenwille allein. Der Mensch ist vielmehr hier noch eingebettet in Naturkräfte. Je mehr es ihm möglich sein würde, in diese dunklen Tiefen der Substanzen, des Willens, der Urenergien des Lebens mit dem Lichte der Erkenntnis einzudringen, würde er jenes dunkle Reich der menschlichen Individualität erobern. Erobert hat er bisher nur die Region des Hauptes, wo die Sinnes- und Nervenprozesse vorwiegend lokalisiert sind. Im inneren Lichtprozeß der Gedanken ist er allein Herr in sich selbst. Dort allein ist er hellwach und damit Mensch. Nur ist es eben nicht so, wie die Schulweisheit es sich denkt; daß nämlich alles immer so war und auch in Zukunft so bleiben würde, wie es leiblich-seelisch heute in bezug auf den Menschen bestellt ist. Den Siegeszug des Gedankens, der unserer Wissenschaft zugrunde liegt, kann jeder selbst verfolgen, wenn er die Geistesgeschichte der letzten 5000 Jahre unvoreingenommen studiert.

Von der erreichten »Ebene« aus würde es nun darum gehen, nach und nach die Regionen des Lebens und der Energien (Willen) unter die Kontrolle des eigenen Menschengeistes zu bringen. Das bedeutet ihr Herauslösen aus dem Schoße der Natur und des Kosmos. Des Menschen Emanzipation vom Kosmos ist noch nicht vollendet. Sie kann auch nur in rechter Weise vor sich gehen, wenn gleichzeitig ein neues, spirituelles Verhältnis des Menschen zu den Naturreichen und zum Kosmos errungen wird. An die Stelle leiblicher Kommunion muß die geistige gesetzt werden. Wiederum ist es an der Zeit, die »Schlange zu erhöhen«.

In des Menschen Tiefen schlummert dieselbe Urenergie, aus der die Welt entstanden ist. Sie ist Substanz des Weltenwillens schöpferischer Mächte. Der Wille fließt in Begehren aus, er nimmt Leben an, die Wachstumsvorgänge sind ihrer Wurzel nach solche des Willens. Aufsteigend kommen die Energien aus den unteren in die mittleren Bereiche des Menschenleibes. Damit werden sie rhythmisch, denn der Säfte- und Blutkreislauf verläuft so. Auch der Atem ist rhythmischer Prozeß, aber viermal langsamer als der im Pulsschlag meßbare Blutprozeß. Im Atem werden die Energien aus dem »Flüssigen« in das Gasförmige (Luft) überführt. In der Luft außer uns lebt das Licht. Zu den Sinnen und Nerven emporgeleitet, wird die im wärmenden, nährenden, flüssigen Blutstrom waltende Energie an das Zentrum des inneren Lichtes geführt. Zwischen Blut- und Nervenbahn entzündet sich der Gedanke. Auch Galen (etwa 131–200 n. Chr.) unterschied die geschilderten drei Regionen (Systeme) im Menschen: ein Pneumaphysika, ein Pneumazotikon und ein Pneumapsychikon oder Stoffwechsel-Gliedmaßen-, rhythmisches und Nervensinnessystem.

Von unten her stößt der Strom der Energien an das Dach des Schädels und damit an die leibliche Grenze des Menschen. In der Meditation gelingt es nun, diese Prozesse über sich selber zu steigern, d. h., sie der nur physisch-materiell-leiblichen Grundlage zu entreißen, sie leibfrei zu machen. Nur damit kommt der meditierende Mensch in höhere Reiche, die er nun ebenso der menschlichen Erfahrung erobern kann.

In diesem Punkte scheiden sich Schul- und Initiationswissenschaft! Für die Nachfolger Kants bleibt die Grenze der Erkenntnis dort, wo die physisch-materielle Grundlage des Gehirns aufhört. Das wird nicht nur bestritten, sondern das Gegenteil auch erfahren, wenn man in der Schulung Fortschritte macht. Das geistige Schwergewicht wird in der Meditation von der physisch-materiellen Leibesgrundlage in die Aura des Menschen, zunächst in das Gebiet der lebendigen Bildekräfte, die über die Leibesgrenzen hinausgehen, verschoben!

Man sieht im beigegebenen Bild, wie das verlängerte Rückenmark nicht mehr durch die »Blätter« hindurchgeht, sondern sich hinter ihnen befindet. Eine größere Freiheit, als sie durch die an das Rückenmark gebundene alte Bewußtseinslage möglich war, kündet sich an.

Ganz dicht beim zweiblättrigen Lotos befindet sich ein Neben-Lotos, der dreiblättrige Nasen-Lotos. Die Yogalehre spricht von ihm als dem »Knoten«, in welchem sich die drei Rückenmarksströme endend vereinen. Es wirken der in 28 Fasern endende Riech- und der in zwölf endende Sehnerv zusammen. In diesen Zahlen drücken sich Kräfte von Mond (28) und Sonne (12) aus, wie ja Ida und Pinggala ihnen zugezählt wurden. Nach der Sinneslehre Steiners metamorphosiert sich das Riechen zum synthetischen Denken, das Sehen zum Schauen. Wieder begegnen wir hier »erhöhten Fähigkeiten«, wie sie sich aus einer Umwandlung in das Leibfreie ergeben.

Im weißen Kreis erscheinen in der Abbildung zum dritten Mal Yoni und Lingam, das weibliche, empfangende Dreieck und das männliche Zeugungssymbolum. Das erste Mal war es rot im vierblättrigen, dann golden im zwölfblättrigen Lotos und nun weiß in der Stirn. Damit sind drei Stufen einer Vereinigung (Kommunion) gekennzeichnet, und jedesmal trägt das Zeugende einen anderen Namen. Jedesmal tritt in der Leibesregion ein Bild des Pokals auf: der Kessel am Ende des Rückenkanals, der Pokal des Herzens und dann der Becher, den die Hirnschale bildet. Die weiße, volle und reine Scheibe darin erscheint als Oblate.

Die sechs Zentren zeigen die Entwicklung vom Roten zum Weißen, wie in der Polarität von roter Rose und weißer Lilie.

Im weißen Dreieck steht der 13. Vokal, Ong, als Impuls oder Wortsame. Es ist der 13. innerhalb der kultischen 16, der zwölfte aber in der gewöhnlichen Reihe. Dieses O (Ong) ist aus A und U zusammengesetzt. Das O hat kein anderes »Fahrzeug« oder Werkzeug als die Vereinigung im schwerelosen, lichten Geistgebiet selber. Keinen Gott aber sieht man mehr, denn der Schüler erlangt selbst die Vereinigung mit dem göttlichen Atma, dem Geist. Die Kommunion des individuellen Geistes mit dem kosmischen ist das Ergebnis der Meditation dieser Entwicklungsstufe. Nur die gebärende göttliche Kraft selber tritt uns noch in der Gestalt der sechsgesichtigen, dreiäugigen, sechsarmigen Göttin Hākini, auf weißem Lotos sitzend, entgegen. Der Yogi schaut durch die sechs Zentren und drei Ströme und bedient sich dieser übersinnnlichen Kräfte. Nicht mehr über dem Wort, sondern daneben und halb darunter sitzt die Göttin (das Innere des Gottes). Der Mensch ist es, der nun Götterfunktionen erhält. Der Menschensohn regiert die Sterne, wie es auch Johannes im Bilde erlebte (Apokalypse).

Über dem weißen Dreieck sieht man ein Zeichen wie den Gral: es ist der Halbmond, der den Dunkelmond in sich trägt. Das Geistige der Sonne dringt auch durch das Dunkle. Im Dunkelmond erlebt der Schüler etwas davon, was es bedeutet: das Schauen der Sonne um Mitternacht. Der dunkle Fleck ist Ausdruck des unmanifestierten Lautes M (Ma). Er wird auch Mahakara genannt. Da war das M herabgedrückt in die Mondensphäre der Schwere. Das Krokodil Makara, dem sechsblättrigen Lotos zugehörig, erhebt beim ersten Sonnenstrahl sein Haupt aus den Wassern, so daß es wie eine Schöpfung aus diesen erscheint. – Hier nun ist Ma der Laut, dessen Kraft das fließende Leben gebiert, von saugender Kraft und in der Sonne befindlich. Es ist das Layazentrum des M, das vergeistigte M, der Mutterquell aller Maya. Durch diese dunkle Leere muß der

Schüler hindurch als durch eine enge Pforte. Erst jenseits derselben erreicht er die Befreiung, kommt er zu dem reinen Reiche des Geistes, das über Manas noch hinausführt. Der »dunkle Fleck« ist nicht nur ein Nichts, sondern weniger als dieses, wie Rudolf Steiner das Charakteristische des Sonneninnern schildert. Das fünfte Wesensglied ist angedeutet. Kara bedeutet zugleich die Hand mit ihren fünf Fingern. Makara war das indische fünfte Sternbild, das des Steinbockes. Im Haupte ist die winterliche Eisregion im Menschen. Wie die Geistgeburt zur Weihenacht in der Sonnenwende des Steinbocks stattfindet, so auch die des Schülers hier im Befehls-Lotos (Ājna Chakra). Der Yogi wird zur Geistesfreiheit geführt, wird zum Herrn alles dessen, was in seinem Leibe ist, bis hinunter zu den Kräften im vierblättrigen Lotos. Er wird Herr der ganzen Kolonie von Wesenheiten, die in Wahrheit in ihm sind. Bis in die Tiefen hinein scheint das Licht der Erkenntnis; die Schlange ist überwunden, der Drache besiegt. Von niemand anderem empfängt der Yogi Befehle als aus dieser Vereinigung mit dem göttlichen kosmischen Geiste, d. h. aus der Intuition.

Durch das O und M ergibt sich das Om, welches eigentlich ein Aum ist, weil der O-Laut aus A und U gebildet ist. Das Om (Aum) ist Meditation dieses Zentrums, es ist sein Mantram (vgl. damit das Wort »Amen«, ein altes Mysterienwort).

Der noch über dem dunklen Leeren befindliche, in der Geistessonne zu denkende Haken ist der »17. Finger des Mondes«. Die 16 Vokale des Kehlkopflotos können als die 16 Finger oder Teile (Kala, Zeiten des Mondes, Klangäther) angesehen werden. Der 17. ist »Nirvana-Kala«, der Urvokal gewissermaßen, aber jenseits des Geoffenbarten. Es ist ein Haken, ein Finger, eine Flamme, wie als Zeichen von A, I, U. Nirvana ist nicht Nichts, sondern ein hochaktiver nur geistiger Zustand.

Im westsemitischen Alphabet ist das Zeichen für »Jod« (griechisch iota) und für das »Vaw, Vau« ein Haken oder Finger. Hier ist es die Verbindung zwischen individuellem und kosmischem Geist. In dem Haken steht hier ein schöpferisches Urwort, aus dem I, U und A hervorgehen. Der Ägypter läßt aus dem Urwort Wha die Welt emanieren.

Wo die drei Ströme zusammenlaufen und den Knoten bilden, war der Kopf des Merkurstabes mit zwei Schwingen, die, wenn sie ins Tönen und Schwingen geraten, ein neues Manvantara einleiten.

Die beiden Schwingen erscheinen wie die zwei Blätter des Lotos, die in variierenden Farben den Laut Ha (Hang) auf dem Blatt links vom Betrachter und den kombinierten Laut Ksch (kschang, kscha) rechts tragen. Es entsteht das Wort »Hangscha«, das sowohl »Schwan« bedeutet als auch die Meditation: »Ich bin Er«, ich bin eines mit der Gottheit. Im Erkenntnisprozeß findet eine Vereinigung des Erkennenden mit dem Erkannten im Geistigen statt. Die beiden Laute, die die Weltenschöpferkräfte auf den Schwingen der Zeit darstellen, sind zugleich Inhalt der Meditation. In sich tragen sie wieder die Polarität von H, als geistigem (Hauchlaut), gegenüber dem am meisten irdischen (Zischlaut) S, in dessen drei Varianten (S, Sh, Sch oder hier X). Während diese Polarität sonst in der Vertikalen des Leibes verläuft, erscheint sie hier in der Horizontalen noch einmal, so daß das Kreuz entsteht. Alles hat seine Stunde und seinen Schicksalsort! Die Erweckung der sechs Zentren erfolgt durch die Meditation der sechs Silben: Om mani padme hum – O Du Kleinod (mani = Edelstein) im Lotos.

Die sechs Silben sind in verhüllter Art doch sieben, weil Om eigentlich Aum ist. So macht es der östliche Mensch.

Es gibt sieben Layazentren in unserem Sonnenkosmos, und es gibt sieben solche im Menschenleib, die sieben Pforten des Wortes, die sieben Chakras. Ein Layazentrum ist jener schöpferische Punkt, in dem alle Materie aufhört, aus dem sie geboren wird und in den sie wieder hinein stirbt. Er ist das Hypomochlion, in dem sich die Kräfte der Bewegung und der Ruhe die Waage in einem übergeordneten Dritten halten. Laya ist

Zentrum der Aufsaugung und Auflösung der Materie. Man könnte sie den Muttergrund nennen. Jede Schöpfung entsteht wiederum aus dem Layazustand.

Man spricht in der modernen Atomphysik bereits theoretisch von »Antimaterie«, unter der man sich das polare Gegenstück normaler Materie vorstellt. Nach der physikalischen Anschauung ist das Atom von einer Hülle negativ geladener Elektronen umgeben, während der Kern positive enthält. Bei der theoretischen »Antimaterie« denkt man sich die Ladung der Elektronen genau umgekehrt; im Kern negativ, in der Hülle positiv geladene Elektronen. Steiner sprach schon vor Jahrzehnten von »negativer, saugender Materie«, die aber nicht räumlich sein kann. Er schuf den Begriff des »Gegenraumes«, in dem sich auch das »Gewicht«, die Schwerkraft, in ihr Gegenteil verkehrt. Man muß, um diese Dinge zu verstehen, aus dem Physischen und der Materie zu den Tattvas (ätherische Bildekräfte) des Lebendigen vorstoßen und damit vom Sichtbaren zum nur übersinnlich Schaubaren! In der vorgehend erwähnten, heute noch im Osten gebräuchlichen Meditationsformel »Om mani padme hum« – (O Du Kleinod im Lotos) handelt es sich für denjenigen, der nicht nur durch das rhythmische »Leiern« der sakralen Formel eine Wirkung erzielen will, sondern dem es auf die Meditation ankommt, um subtile Vorgänge. Ihre sieben Silben sprechen die sieben Zentren schon durch ihren Ton an. Er weckt, äußerlich und innerlich lange genug und wiederholt gesprochen, die Zentren. Ziemlich bald bemerkt man starkes Vibrieren im Kopf, was Bewußtseinsschwankungen einleitet.

In der Silbe Om werden die göttlichen Welten angerufen und zugleich die oberen Zentren. Im Schlußwort Hum handelt es sich um die Vertreibung dämonischer Wesen. Bei jeder Meditationsübung besteht die Gefahr, daß Dämonisches aus den eigenen aufgerührten Wesenstiefen in andächtig Verharrenden aufsteigt, oder auch solches aus den elementarischen Reichen unterhalb des Menschen. Man begegnet dem eigenen

»Hüter der Schwelle«, den »Hüterinnen des Tores«. Gerade der zum Höheren Strebende ist den Angriffen des Niederen besonders ausgesetzt. Auch deshalb wurde in allen Geheimschulen der große Wert auf moralische Reife und moralischen Mut gelegt.

In der heiligen Silbe »Om«, die vokalmäßig das A - O - U in sich hat, kann in der Meditation empfunden werden:

A – Das Staunen, mit dem nach altgriechischem Ausspruch jede Philosophie und damit auch jede Erkenntnis beginnt,

O – liebevolles Umfassen, ein Hereinnehmen dessen, was an Geistigem aus den Höhen strahlt,

U – ein ernstes Herunterführen im Atem bis in die Tiefen des Leibes,

M – der Atemstrom dringt bis zum Zwerchfell, bis zum Nabel-Lotos, dem Manipura. In Unbekanntes fühlt man sich im M langsam ein und steht dann mit ihm in Einklang.

In der Silbe MANI wird im M wieder vom Nabel-Lotos ausgegangen. In dem nun folgenden A greift man das Neue, gerade wie ein Kind in diesem Vokalerlebnis zugreift.

Im N findet ein Auseinandersetzen in der Peripherie des Nabel-Lotos statt.

Im I liegt ein sich streckend Behaupten den Kräften gegenüber, die von unten heraufkraften.

In der Silbe PADME:

Im P stützt man sich auf das Feste des Lotos, von dem dann versprühende Kräfte ausgehen.

Im A ist wiederum ein innerliches Ergreifen,

im D ein Drücken nach unten.

Im M wiederum Einfühlen in Unbekanntes,

im E ein Kreuzen, sich gegen Kräfte behauptend.

In der Silbe HUM:

Im H das abstoßend Wegwehende,
im U das ernsthaft Wegtreibende,
im M das den Einklang Herstellende.

Von OM wird gesagt, es sei der erste Bija (Same) der Veden (der vier heiligen Bücher); OM sei auch der Leib »der ausgezeichnetsten Shakti«. Die Kraft ist also *im* Wort.

Die zwei Laute des Stirn-Lotos ergeben das bereits erwähnte Mantram: Han – sa. Es wird nasaliert gesprochen wie Hangsa. (Hansa bedeutet Schwan; es ist Symbol der in Luft und Licht lebenden individuellen höheren, weißen Seele.) Diese Meditation wird vom Herzen aufwärts zum Kopf geführt. Das Einatmen erfolgt mit dem Laut Hang (Han, Ham nasaliert), das Ausatmen mit Sa. Nach der Vereinigung der individuellen Seele (Jiva) mit dem göttlichen Geist (Atma) bleibt der Yogi unbeweglich. Das Mantram wird umgekehrt in So – ham; das bedeutet: »Ich bin Er.«

H – N – S sind die Repräsentanten ihrer drei Regionen: H steht für das Haupt, N oder M für die Leibesmittel im Nabel-Manipura-Lotos; S für die untere Region des Begierdenfeuers (Sexus). Es ist das konsonantische Geheimnis des Menschen. Im Wort Jo-Hannes kommt es ebenso wie im Mantram »Hansa« zum Ausdruck. Johannes ist schon in seinem Namen Repräsentant des Menschen und seiner drei Regionen, in denen sich »die drei Welten« spiegeln.

Auf die Beziehung der Chakras zu den innersekretorischen Hormondrüsen wurde schon hingewiesen. Sie alle werden von den vegetativen Nerven versorgt. Es wäre nicht richtig, die Chakras mit Ganglien oder Drüsen gleichzusetzen. Richtig dagegen ist aber, in den Chakras das zu Nerven, Drüsen, Blut und Knochen gehörige übergeordnete und impulsgebende Geistige zu sehen. Nerven und Drüsen sind nur Manifestationen der Chakras auf unterschiedlicher Ebene. Die in Betracht kommenden innersekretorischen Drüsen sind:

Die Zirbeldrüse (Epiphyse),
die Hirnanhangdrüse (Hypophyse),
die Schilddrüse,
die Nebennieren,
die Bauchspeicheldrüse (Pancreas),
die Keimdrüsen (Ovarien bei der Frau, Scrotum beim Mann; letztere sind ursprünglich in gleicher Höhe wie die Ovarien entstanden, dann aber tiefer hinabgesunken).

Die Thymusdrüse, hinter dem Brustbein liegend, steht in engem Zusammenhang mit den Keimdrüsen. Sie ist nur bis zu den Entwicklungsjahren in normaler Funktion und bildet sich dann zurück. Wie sich aus ihrer Lage und Funktion ergibt, besteht der Zusammenhang des Stirn-Lotos mit der Hirnanhangdrüse (Hypophyse). Sie nimmt innerhalb des Drüsensystems mit innerer Sekretion eine Zentralstellung ein. Sie wird als eine Art Schaltstelle des ganzen vegetativen Nervensystems betrachtet. Ihrer beherrschenden Stellung entspricht die Funktion des zweiblättrigen Lotos als »Weisungs- und Befehls-Lotos«. Die Tätigkeit anderer Drüsen ist vielfach von ihr abhängig. Sie ist ein Schleimkörper, der auf den Wasserhaushalt (Harn) einwirkt. Auch auf das Wachstum wirken ihre Hormone. Riesen- oder Zwergenwuchs hängen von ihrem Zuviel oder Zuwenig ab. Wichtig ist vor allem auch der Zusammenhang der Hypophyse mit der Tätigkeit der Keimdrüsen (Geschlecht). Vom Gleichgewicht der Hormonproduktion hängen Lebens- und Bewußtseinsfunktionen des Menschen ab.

Vom Yogi heißt es, er würde hier weiblich, saugend und schlösse sein Haus, die äußeren Sinne, zu. Damit ist das Geheimnis offenbart, daß der Mann im Ätherleib (Lebensleib) weiblich, die Frau männlich ist. Dieses Bildekräfteleibes wird der Yogi in der Meditation über das Stirn-Chakra ansichtig. Am Bewußtseinspol des Hauptes ist also der Mann im Bildekräfteleib weiblich, die Frau männlich. Manche Illusion klärt dieses Leibesgeheimnis auf. Man braucht sich bei solchen Erscheinungen also nicht einzubilden, daß hohe Wesen zu einem gekommen seien, wo es sich um den eigenen Ätherleib handelt! – In der Meditation über diesen Lotos werden die körperbildenden Kräfte im Geiste geschaut. Derjenige Yogi, der im Ajna-Bewußtsein stirbt, eint sich mit jenem Menschen, der vor den drei Welten war. Das wäre das Menschenurbild, wie es vor dem »Sündenfall« bestand.

Gesunde Urteilskraft und klares, logisches Denken sind Bedingung für die Entwicklung des Stirn-Lotos. Durch die Unterscheidung des Wahren von der Maya der Erscheinung wird in der Stirn der Mittel- und Schwerpunkt erzeugt. In Tätigkeit wird er durch rechte Meditation versetzt. Es müssen Vorstellungen vor das Geistesauge gerückt werden, die aus dem Seeleninnern geholt sind, und nicht solche der äußeren Welt. Durch anhaltende Schulung erlernt man die Fähigkeit, den Bildekräfteleib nach allen Seiten zu drehen.

Allmählich verästeln sich die Ätherströmungen zu einer Art Geflecht, das wie eine *Netzhaut* zur Grenze des Ätherleibes wird. Es wird der Mensch dadurch für die äußeren Strömungen empfindlich. Diese Grenze muß von allen Strömungen passiert werden. Dadurch entsteht deren Wahrnehmung. Das Abschließen mit einer Haut ist saturnische Funktion. Das Netzwerk weist dadurch eine innere Verwandtschaft zum 1000blättrigen Lotos auf. Er muß heute von innen her erschlossen werden. Das weist uns in die Zukunft.

Vom 16blättrigen Lotos kommt eine Strahlung, die runde Formen in den zweiblättrigen hineingestaltet. Vom Strahlungsmittelpunkt im zweiblättrigen fließen Ströme längs der beiden Hände. Durch sie wird der Ätherleib bewegt. Das höhere Ich wird geboren, frei und tritt mit Wesen der geistigen Welt in Verbindung. Der Stirn-Lotos ist das Tor zum Geist.

Über den zweiblättrigen Lotos lassen wir die drei Schlußverse sprechen, damit der Leser eine innere Beziehung zu deren Sprache finden möge (Vers 36–38):

VERS 36

Wenn der Yogi das Haus schließt,
das ohne Stütze[4]) hängt,
von dem er Wissen erlangt hat
durch den Dienst Parama-gurus,
und wenn durch wiederholte Übung
der Chetas aufgelöst wird
an dieser Stelle,
die die Wohnung unausgesetzter Seligkeit ist,
dann sieht er in der Mitte
und in dem Raum über[5])
Funken von Feuer,
die deutlich leuchten.

VERS 37

Er sieht dann auch das Licht,
welches in der Form einer flammenden Lampe ist.
Es ist glänzend wie die klar leuchtende
Morgensonne und glüht zwischen Himmel und Erde.
Hier manifestiert sich der Bhagavan[6])
in der Fülle seiner Macht.
Er kennt keinen Verfall
und ist Zeuge von allem
und ist hier, wie Er in der Region des
Feuers, des Mondes und der Sonne ist.

VERS 38

Dies ist die unvergleichliche und entzückende
Wohnung Vishnus.
Der hervorragende Yogi setzt zur Zeit des Todes
seinen Lebensodem[7]) voll Freude hierher
und geht zu jenem höchsten, ewigen, geburtslosen,
uranfänglichen Deva ein,
den Purusha, der vor den drei Welten war
und der dem Vedanta bekannt ist.

Der tausendblättrige Lotos

Sahasrāra

Unterhalb des zum Stammhirn gehörenden Sehhügels liegt das Zwischenhirn, das als die höchste Instanz des Lebensnervs gilt. Wärmegleichgewicht, Zell-Stoffwechselprozesse, Pulsschlag etc. werden von ihm reguliert. Wie Ausstülpungen nehmen sich die zum Befehls-Lotos gehörige Hypophyse (nach unten) und die Epiphyse oder Zirbeldrüse (nach oben) aus. Beide stehen in polarem Spannungsverhältnis zueinander. Die Zirbeldrüse gehört zur Region des »1000blättrigen«, der nach seiner Lage im Haupt auch Scheitel-Lotos genannt wird. Die Yogalehre sagt, daß Sahasrāra am Ende des mittleren Rückenmarkstromes (Sushumna) liegt. Der Strom war von »Feuernatur«; er ist saturnisch und führt auch zu dessen Zentrum unter dem Scheitel im Hinterhaupt. Im Gegensatz zu den anderen Chakras haben die Blätter, auch wenn Bewußtsein in die Zentren geschickt wird, die Tendenz nach unten. Die Tonsur der Mönche hat wahrscheinlich mit dem äußeren Ansatzpunkt des Zentrums zu tun.

Gerade die Art der Anlage läßt darauf schließen, daß es sich um einen Ansatzpunkt der übergeordneten göttlichen Welt handelt. Der Wille der Gottheit erschafft im Lichte Bilder. Sie werden zur Realität.

Die Welt kann aufgefaßt werden als Gestalt gewordene göttliche Imagination.

Man kann sich vorstellen, daß die sogenannten Gehirnlappen in früher Vorzeit des Menschen einmal Flammenzungen waren. Erst mit dem Festwerden des Leibes erstarben sie, und Knochensubstanz schloß sie in das Haupt ein. Beim Neugeborenen schließen sich die Fontanellen erst einige Zeit nach der Geburt.

Die Zirbeldrüse ist nach den Geheimlehren verschiedener Schulen ein verkümmertes Leuchtorgan, der Rest jenes dritten Auges des Menschen (Parietalauge). Es ragte über das Haupt hinaus und ist nach der Verfleischlichung der Gehirnprotuberanzen zu den »Lappen« nach innen genommen worden. Es ist heute ein kirschkerngroßes Gebilde, das seiner Auferweckung harret.

Von diesem Zentrum gehen gestaltbildende Kräfte aus. Durch Einwirkung auf die Keimdrüsen kann auch die Entwicklung des Geschlechtes beeinflußt werden. Bei unrichtigem Wirken zeigen sich Entartungen. Noch heute sondert die Zirbeldrüse Kalksalze ab, wie sie für den Aufbau der Knochen erforderlich sind. Man nennt sie »Gehirnsand«, welcher ebenso auch für unseren Denkprozeß nötig ist.

Die 1000- und die zweiblättrigen Chakras wirken in ihrer Polarität wie Wärme und Licht, Wille und Gedanke. Aus ihrem Zusammenwirken entstehen die Urbilder der leiblichen Entwicklung des Menschen.

Mir sind im Leben schon mehrfach Menschen begegnet, die vielfache Gesichte in der Art haben, daß sie sich ihrer nicht erwehren können. In krankhafter Weise entstehen ihnen Bilder und auch Verse. Es ist ihnen kaum je geholfen worden, man hielt sie für nicht normal. Noch jedesmal erhielt ich in diesen Fällen auf meine Frage, ob sie einmal durch Schlag oder Fall stärkere Verletzungen am Hinterhaupt oder Scheitel davongetragen hätten, bejahende Antwort. Ich muß annehmen, daß es sich dabei stets um Verletzung der Zirbeldrüse gehandelt hat. Dasjenige aber, was wir hier als krankmachende Auswirkung bei oft recht unbedeutenden Menschen erleben können, kann durch Meditation über dieses Zentrum auch auf normale, gesunde Art so herbeigeführt werden, daß die Vorgänge unter Selbstkontrolle stehen.

Für die Zirbeldrüse ergibt sich eine merkwürdige Lage im Haupt: sie liegt im »goldenen Schnitt«!

Sie liegt ferner dem statischen Pol des Träger-Lotos polar gegenüber. Im Hinterhaupt befindet sich das Zentrum des Gedächtnisses. Erinnerung und Liebe sind die polaren Wurzeln der menschlichen Sprache. Es wird deshalb verständlich, wenn es in den Texten heißt: der Yogi, welcher im Stirn-Lotos Fuß gefaßt habe, halte den Lotos über sich (das Scheitel-Chakra) mit »allen Kräften der Sprache« in der Hand.

In diesem Zentrum, wo das untere Begierdenfeuer ganz vergeistigt, ist der höchste Platz des Göttlichen im Menschen; hier ist das Geistige, das allem Sein zugrunde liegt. Der Schüler wird hier erst frei von aller Illusion. Ein noch höherer Grad von Freiheit als in der zweiblättrigen Blume wird erreicht. Wenn der Yogi sich in dem Bewußtsein des zweiblättrigen Lotos behaupten konnte, so schaut er noch über sich die höchsten kosmischen Kräfte des Wortes, das die Welt mit ihrem Inhalt erschuf. Er hat dann die Kräfte der Sprache in seiner Geisthand.

Schon der Laut M im Augenlotos ist androgyn. Im 1000blättrigen sind alle 50 Laute multipliziert, nämlich 20fach enthalten. Der Mensch ist das zehnte Glied der Hierarchien; als männlich und weiblich ist er »20«. Die 20 war auch Ausdruck der Sonne. Man kannte im Orient die Gottheit 20, eine Sonnengottheit, und man kannte den Gott »30« oder Sin, das Geistige des Mondes. Sonne und Mond ergeben so schon das ganze Alphabet mit 50 Lauten. Verzwanzigfacht, so daß der ganze Mensch Sonne wird, ergeben sich die 1000 Laute in den Blättern dieser Blume. Dieser Lotos war so etwas wie ein Zeugungsorgan der Götter. Er wurde von außen geschlossen, als sich die Götter zurückzogen. Von innen her, vom Menschen aus, muß dies Dach der Welt geöffnet werden. Die drei Ströme des Rückenmarks sind hier als ein dreifacher H-Laut vergeistigt. Es ist das Schöpferische des noch nicht manifestierten H, genannt Hakara als das niederste der drei H's.

Die beiden anderen sind der Visargah-Laut. Es ist jedoch nur das da, was diesen Laut bildet, nämlich als S ohne Vokal, als S, welches in das H übergeht. Der Lautwandel von H in S ist bekannt. Das geschah auf dem Wege vom Geist zum Stoff. Hier ist es umgekehrt, der materiellste Laut S wird zum H wieder verabstrahiert. Und dieses, was sich da auf dem Rückwege bildet, was vom S wieder zum H wird, repräsentiert »Praktik«, die »prima materia«, in Verbindung stehend mit dem höchsten menschlichen Wesensglied: Geistesmensch oder Atma. Die zwiefache Wurzel der prima materia: die eine zum Menschen, die andere zu seinem Weibe – und das ist die Materie! – führend: Mensch und Erde...

In den drei Lauten des H, wovon zwei noch S-Laute im Übergang zum H sind, ist für den Yogi vereint: Brahma, der Geistgott, dann Vishnu, der Sohn, und als drittes »Ich-Selbst«, der Mensch sowie die Gottheit als selbst und dessen Reflex, das Ich des Menschen.

Die ganze Region ist die, wo das Feuer, in dem Shiva wirkt, sich auflöst, vergeistigt wird. Das Yogasystem zeigt, wie alle Laute in einen anderen aufgelöst und in den Layazustand gewandelt werden. Im Hakara ist auch Shiva, dessen Paradies, Kailasa oder der Himmel, zugleich der Schädel des Menschen ist. Im H und S (Hansa) sind Bewußtsein und Materie, Mensch und Erde, Himmel und Erde, Geist und Natur, Purusha und Prakriti miteinander verbunden.

Die Laute lösen sich ineinander auf: Kscha in La, La in Ha,

Ha in Sa, Sa in Sha usw., bis A erreicht ist. Wenn die Laute aufgelöst sind, lösen sich die Zentren in ihren »Ursprungspunkt« und dieser in das allgemeine Weltenbewußtsein auf. Es ist hier im Yoga etwas von dem geschildert, was man den »Kampf aller gegen alle« auf höherem Plane nennen kann. Die Peripherie wird vom Zentrum aufgesaugt. Die Maya der Vielheit entschwindet. Der 1000blättrige Lotos wird auch als Baldachin geschildert, von dem rötlicher Nektar heruntertropft.

Alle anderen Lotos kommen in ihm noch einmal vor, so auch genau in seiner Mitte der zwölfblättrige.

In der Meditation findet der Yogi sein Selbst. Er findet die »Insel der Edelsteine« in seinem Haupt. Dabei könnte man eine innere Schau des Vierhügels denken, dessen Substanz bernsteinartig ist. Ein Sezieren des Leichnams war bis zum Mittelalter streng verpönt, es wurde mit dem Tode bestraft. Daß dem Yogi trotzdem die innerleiblichen Verhältnisse genau bekannt waren, ist auf die von ihm erreichte innere Schau zurückzuführen.

Möglich ist auch, daß dieses »Edelsteingebilde« eine Imagination ist, in der sehr real und konkret das kristallklare Denken bildhaft wahrgenommen wurde. Auch des »Juwelengeschmückten Altares« wird der Yogi ansichtig. Schon im Herzlotos war er zu finden.

Ich wies aber schon darauf hin, daß im Haupt alle anderen Lotos noch einmal erscheinen. Die Chakras des Rumpfes haben durchweg ihren Gegenpol im Haupt, von dem sie gesteuert werden. Je mehr also der Mensch die Fähigkeit des reinen, kristallklaren Denkens entwickelt, das allein ihn zum »Dirigieren« befähigt, wird er vom oberen, dem lichten Pole ausgehen. Von ihm wird all das beherrscht, was im Blut von Generation zu Generation als Erbe mit all seinen Verderbnissen rollt.

Es dürfte klargeworden sein, daß man es mit zwei polaren Strömungen zu tun hat. (Im Unendlich-Geistigen treffen sie sich.) Die eine steigt vom Trägerlotos an aufwärts, obwohl das Blut vom Herzen abwärts fließt. Bei dem, was im und um das Rückenmark herum aufwärts strömt, handelt es sich nicht um ein Materielles, sondern um einen vom Physischen ausgehenden Kräftestrom schöpferischer Energien. Sie sind noch nicht in der vollen Gewalt des individuellen Menschen.

Es sind schöpferische Kräfte, die der Inder als solche des »Rudra-Shiva«, des Herrn des Physischen, bezeichnete. Der Name tut für uns nichts zur Sache; er dient uns nur zu einem besseren Verständnis. Man könnte auch eine moderne Terminologie anwenden. Damit würde aber kaum mehr Klarheit gewonnen werden. Dem entgegen kommt der andere Strom vom oberen Pol des Ordnung und Erkenntnis schaffenden inneren Lichtes. Er entströmt der Region des »Geistgottes«, den die Inder Brahma nannten. Es sind die Pole von Sein und Bewußtsein.

Im Herzen begegnen sie sich in einem Mittler, in »Vishnu«, im ausgleichenden und heilenden »Sohnesgott«. Sie einen sich beide in einer höheren Liebeskraft (»Feuer«, Wärme) und innerem Herzenslicht weisheitsvoller Einsichtigkeit.

Den von unten heraufkraftenden Strom hat man früher als »Feigenbaum« bezeichnet. Heva (Eva), die Mutter alles Lebendigen, wie ihr Name besagt, trug das Feigenblatt. Christus verdammte den Feigenbaum, der keine Früchte mehr tragen würde. Das weist uns darauf hin, daß jene alten Fähigkeiten des an die unteren Kräfte gebundenen Atavismus versiegen.

Warum? Weil des Menschen »Sinnen und Trachten« Böses enthält. In der Urvergangenheit des Menschen ist moralisch Böses in ihn eingezogen. Es war nicht von Anfang an da. Durch die Widersachermächte, als den Gegnern der Schöpfung des Menschen, ist es dazu gekommen und hat sein ursprünglich reines Wesen mit Finsterniskräften durchzogen. Damit wurde das ursprüngliche Bild des Menschen verändert. Was da an Gegenkräften in das Menschenwesen hineinkam, wurde zur menscheneigenen Gewohnheit; es nistete sich in den Vererbungsstrom ein. Über das Blut hat es sich von Generation zu Generation fortgeerbt. Diesem gilt der Fluch. Die Widersacher des wahren und lichten Menschen trifft er. Es gilt, aus dem alten Adam den neuen werden zu lassen, in dem das moralisch Gute der neue Ausgangspunkt wird.

Mit seinen Füßen schreitet der Mensch zu Taten. Sie sind Ausfluß seines Willens. Damit werden uns »Füße« zu einem konkreten Symbol des Willens. Die sakrale Handlung der »Fußwaschung« durch Christus kündet uns von der Notwendigkeit der Reinigung und Heiligung des Willens »von Grund auf«.

Bisher hat ein Teil der Menschheit die Fähigkeit des reinen Denkens entwickeln können. Es ist jenes Denken, das frei von Sympathie und Antipathie der völligen Objektivität fähig ist und zur völligen Abstraktion und zur Leere des Bewußtseins führt. Davon sprechen auch die Verse. – Die Leere, das Nichts ist jedoch kein Endstadium. Es ist etwas Vorübergehendes, ist Schwellenerlebnis. Die Menschheit steht heute vor diesem Nichts. »Jenseits« der Leere wandelt es sich in höhere Erkenntnisse, die wieder höhere Fähigkeiten bewirken. Der auferstehende Gedanke hat seinen zunächst durch logisches Denken im Gehirn erbildeten Schwerpunkt in das Leibfreie, ins Lebendige verlagert. Er wird zu einem geistigen Bilderlebnis, frei von der körperlichen Grundlage. – Stufenweise fortschreitend gereinigtes Fühlen und gereinigtes Wollen muß sich mit der lebendigen Idee verbinden. Diese Seelenfunktionen werden damit »erhöht«. So erschafft sich der Mensch sein höheres Wesen aus dem niederen heraus, wie eine Art Münchhausen, der sich an seinem eigenen Schopfe aus dem Sumpf zog.

Abschließend sollte dieser mögliche Vorgang noch einmal vor den Leser bildhaft hingestellt werden, denn er ist das A und O aller Mühen um heilvoll fortschreitende Evolution. Man muß bedenken, daß im alten Yoga die Entwicklung des reinen Denkens in den Chakras des Hauptes Ziel war. »Nektar und Ambrosia« waren dem Yogi die erstrebte Himmelsspeise.

Der Angelpunkt dieser Entwicklung, die innere »Sonnenwende«, ist in unserer Zeit für alle erreicht.

Die Verse beschreiben, wie der Yogi in der Meditation der Kopflotos den »Thron des Guru« in einem »Gebirge von Silber« entdeckt. Alter Weisheit war das Haupt eine innere Mondenregion. Zu ihr gehört das Silber in seinem flüssigen Zustand und feinster Potenzierung.

Der Yogi kommt in der Meditation über die oberen Chakras zu dem großen Mondenadepten, dessen »Füße« im Haupte des Menschen stehen. In seiner durch gereinigtes Denken erreichbaren Fähigkeit berührt der Mensch gerade noch mit seiner höchsten Seelenfähigkeit das Niederste, die Füße der Gottheit. Wir sahen, wie sie uns ein Symbolum des Willens sind. Der Mensch lernt in dieser Verbindung etwas vom Willen der Gottheit erkennen. Sie läßt das nicht nur zu, sie will es. Er empfängt eine Befruchtung durch den Geist in der schwerelosen, außerleiblichen Sphäre. Was er empfangen hat, führt er dann herunter zum Herzlotos, der Sphäre des inneren Altares, der inneren Gottesverehrung, der inneren ewigen Lampe, der Sphäre auch des heiligen Haines der Andacht und des Selbstopfers. – –

Der moderne Mensch kann nicht ohne die Entwicklung der Lotos auskommen. Wir verstehen, wie gerade die Ausbildung des Herzlotos, der Sphäre des »Sohnes«, von Bedeutung ist. Er ist es, der uns nicht der Versuchung verfallen läßt, zur Unzeit und nur zur Selbsterlösung erdenflüchtig zu werden und unsere Brüder zu verlassen. Im Empfangen des geistig kosmischen Samens liegen die Möglichkeiten, nicht nur die eigenen Inkarnationen zu erschauen, die Wege der Seele und des Geistes in ihrem Wechselspiel zwischen geistigen, kosmischen und irdischen Sphären zu verfolgen. Auch die großen Geheimnisse der Weltenevolution finden Eingang über jene obere, geöffnete, lichte Pforte des Menschen, in der er der Gottheit Zipfel erhaschen kann.

Der gegenwärtige Mensch braucht die Ausbildung der

Chakras. Sie erfolgt zuallererst in der Meditation. Daß diese gelingt, setzt die innere Wandlung (ohne äußere Pflichtverletzung) voraus, wie sie die geschilderten Stufen des Weges aus innerer Notwendigkeit verlangen. Die Meditation ist ja erst das »Allerheiligste« im Yoga; alles andere sind nur Vorstufen zu ihm. Der moderne Mensch bedarf einer höheren Kraft, um etwas zu haben, was er den zersetzenden Einflüssen seiner eigenen Zivilisation und seinem zersplitternden Intellekt entgegensetzt. In dem Kampf, zu dem er in der Auseinandersetzung mit dem moralisch Bösen, das ihm auf Schritt und Tritt begegnet, gezwungen ist, braucht er Hilfe aus einer Welt des moralisch Guten, damit aus der Welt des Geistes. Diese Kraft und Ruhe wirken heilend und erfrischend auf die angegriffenen Lebensfunktionen. Er kann sie aus der immer wieder geübten, rhythmisch wiederholten Meditation über die Chakras schöpfen, weil sie die Tore sind, über die der Reichtum der Weltenkräfte wirkt.

Schlußbemerkung

Der Zeitgeist bringt es mit sich, daß sich gegenwärtig ein stärkerer Umbruch zwischen der jüngeren und älteren Generation offenbart. Die im 20. Jahrhundert geborenen Menschen bringen eine ganz andere Haltung mit zur Erdenwelt als diejenigen, welche noch zum Ende des 19. Jahrhunderts geboren wurden.

Auch in Indien ist dieser Kontrast deutlich geworden. Die junge Generation hat zu einem großen Teil die Bhagavad Gita beiseite gelegt und sich den Aufgaben »dieser Welt« zugewandt. Äußerlich dokumentiert sich das Schicksal Indiens in der Erlangung seiner staatlichen Selbständigkeit. Es war ein Spezifikum Indiens, daß es mit einem großen Teil seines Wesens der »jenseitigen Welt« zugewandt war. Es ist dies ein jahrtausendealtes Erbe. Nun hört man von den Führern des indischen Volkes: »Wir haben zuviel Religion; wir brauchen Mut, Tatkraft, Entschlossenheit...« Europa hat, ganz besonders stark in Deutschland und England, während des Mittelalters die Bibel beiseite gelegt und sich den Naturwissenschaften zugewendet. Es war das gerade zu jener Zeit, als die Faust-Sage auftrat.

Was nun in Indien geschieht, bildet in einer Art einen Parallelvorgang. Es scheint so, als sei die »Verweltlichung« Indiens kaum aufzuhalten. Wieviel Erhabenes, Großartiges, Geistvolles könnte der Welt verlorengehen, wenn die geistige Tradition Indiens abreißen würde!

Wenn das Geisteserbe Indiens in dieser Zeit in Deutschland Hort und Halt fände, so bedeutete das einen Akt geistiger Bruderliebe. Deutschland ist das Indien Europas. Seine faustische, metaphysische Neigung ist Bedürfnis echter, bester deutscher Seele. Deutschlands Aufgabe ist auf diesem Gebiet noch unvollendet.

Ich meine jetzt nicht, daß wir geistig und seelisch zu Indern werden sollten. Das können wir nicht, denn unsere Aufgabe im Westen beruht doch auf anderen geistig-seelischen und konstitutionellen Grundlagen. Unsere Verwandtschaft, die sich in der Neigung zum Geistigen und Übersinnlichen zeigt, ermöglicht es uns, Indien gut zu verstehen, zu schätzen und zu lieben. So können wir dafür sorgen, daß sein Geisteserbe lebend erhalten wird, von unserem Geist verstanden, von unseren Seelen getragen. Der spirituelle Weltenatem mag es einst verwandelt zu seinem Ursprung tragen.

Anmerkungen

[1]) Es gibt viele Yogapfade, die sich gegenseitig aber nicht ausschließen. Ein System verwendet vom anderen. Hatha-Yoga legt Nachdruck auf den physischen Leib, Inana-Yoga auf die Ausbildung der reinen Erkenntnis, Bhakti-Yoga auf die überpersönliche Liebe und Hingabe an Gott, Raja-Yoga (der »königliche Weg«, von Raja – König) auf die höchsten Stufen der Meditation. Im Yogasutra des Patanjali wird dieser Weg gelehrt. Man kann von einem höheren Gesichtspunkt sogar sagen, daß die einzelnen Systeme einen inneren Zusammenhang haben wie z. B. die vier Evangelien des Neuen Testamentes und die vier Zeichen der Sphinx: Stier – Löwe – Adler – Wassermann (Mensch). Es bedarf auch auf diesem Gebiet der Zusammenschau.
Kundalini-Yoga, von dem manche Praktiker sagen, es sei der höchste Yoga, hat die Verbindung dessen, was am Weiblichen und Männlichen »ewig« ist, zum Ziel. Das Ewig-Weibliche erreicht die Vereinigung mit dem Ewig-Männlichen im 1000blättrigen Lotos.

[2]) Tantras heißt wörtlich »Gewebe«. Man versteht darunter Bücher okkulten, speziell magisch-mystischen und magisch-sakralen Inhaltes. Derer gibt es eine große Zahl.

[3]) Sieben ist die Zahl der Zeit; drei und einhalb heißt damit auch »bis zur Zeitenmitte«.

[4]) Verbindung von Geist und Welt.

[5]) Dem Dreieck.

[6]) Höchster Schöpfer.

[7]) Prana.